칼럼의 이해

이종탁

신한대학교 미디어언론학과 교수. 건국대 축산대와 한양대 언론정보대학원을
졸업했다. 1984년 경향신문사에 입사해 사회부·경제부 기자, 사회부장, 논설위
원 등을 지냈으며 2014년 대학으로 옮겨 저널리즘에 대해 강의하고 있다. 언론중
재위원회 중재위원, 우정사업본부 우정사업운영위원을 지냈다. 저서로는 《훔치
고 배우고 익혀라》, 《우체국 이야기》, 《2030 뉴스사용설명서》 등이 있다.

칼럼의 이해

초판 1쇄 발행 2018년 11월 10일
초판 2쇄 발행 2019년 2월 8일

지은이 이종탁 **펴낸이** 박찬익 **편집장** 황인옥 **책임편집** 한소아
펴낸곳 (주)**박이정** **주소** 서울시 동대문구 천호대로 16가길 4
전화 02) 922-1192~3 **팩스** 02) 928-4683 **홈페이지** www.pjbook.com
이메일 pijbook@naver.com **등록** 2014년 8월 22일 제305-2014-000028호

ISBN 979-11-5848-408-8 (03070)

* 책값은 뒤표지에 있습니다.

NEWS

칼럼의 이해

이종탁 지음

(주)박이정

대학에서 '신문기사 읽기'라는 교양수업을 진행하면서 학기 초 처음 들어온 학생들에게 늘 같은 질문을 던져본다. "학생은 왜 이 수업을 듣는가?"

여기서 흔히 나오는 대답이 "신문 읽는 방법(또는 요령)을 알고 싶어서"라는 것이다. 신문 읽는데 무슨 방법이 필요한가? 신문사에서 30년 동안 기자로 일하며 생각해 본 적 없는 물음이다.

그런데 수업 준비를 위해 신문을 찬찬히 들여다보면서 그 말을 이해하게 됐다. 디지털 세대의 눈높이에서 보니, 지금 신문은 가까이하기엔 너무 멀리 있다. 문장이 어렵고, 딱딱하고, 고루하다. 다루는 소재가 젊은이들 일상이나 정서와 거리가 있다. 특별한 이유가 있다면 모를까, 웬만해서는 펼쳐보고 싶은 생각이 안 드는 고전 문고집 같다는 생각이 든다. 이런 신문이라면 젊은이들이 외면할 수밖에 없겠다는 생각이 절로 든다.

무엇이 잘못되었을까, 어디서부터 잘못되었나. 문제의식을 가지고 다시금 들여다보니 또 다른 문제가 눈에 들어온다. 어려운 건 신문이 아니라 뉴스라는 사실이다.

신문에 실리는 뉴스 기사는 거의 속보 위주다. 속보(續報)는 앞서 전한 소식에 잇대어 달라진 내용을 전하는 소식이다. 사건의 발단부터 흐름을 쭉 따라온 독자라면 뉴스를 일일 드라마처럼 즐기며 소비할 수 있다.

하지만 요즘 세상에 그런 뉴스 소비자는 없다. 보통의 독자에게 뉴스란 우연히 눈에 들어오면 보게 되는 단막극과 같다. 모든 뉴스를 그때그때 낱개로 소비한다. 개별 뉴스에 설명이 없는 한, 사건의 앞 뒤 맥락을 모르고 읽게 된다. 뉴스가 어려울 수밖에 없다. 대학생들이 '신문 읽는 방법'을 찾게 되는 이유가 여기에 있다.

어떤 방법이 있을까. 신문사 입장에서 모든 뉴스를 발단에서 결말까지 전 과정에 걸쳐 자세히 알려주는 방식으로 기사를 작성할 수는 없다. 그처럼 친절한 기사가 아주 없지는 않지만, 뉴스의 속성상 제한적일 수밖에 없다. 결국 독자가 해법을 찾아야 하는데 여기서 가장 좋은 방법이 칼럼 읽기다.

신문에 실리는 뉴스는 크게 두 종류다. 새로운 사실을 전하는 기사와 특정 사실에 대해 의견을 전하는 기사다. 여기서 글쓴이 개인의 의견이 담긴 기사를 칼럼이라 하고, 언론사 차원의 의견 기사를 사설(社說)이라 한다.

전통적인 신문읽기는 사실 기사를 읽고 이슈와 쟁점을 먼저 파악한 다음 그에 대해 시시비비를 논하는 의견 기사를 보는 것이다. 실제 우리나라 신문은 사실 기사를 앞쪽에, 의견 기사를 맨 뒷면에 배치한다.

하지만 독자가 굳이 이 같은 지면 순서를 따라야 할 이유는 없다. 의견 기사에도 불가피하게 사실이 담기기 마련이다. 사실에 바탕을 두지 않은 의견이란 있을 수 없다. 무엇이 옳고 그르다는 주장과 논리는 결국 사실에 대한 글쓴이의 해석이다. 글쓴이가 해석하고 평가하는 글을 보고 거꾸로 사실과 이슈를 파악해도 별 문제는 없다.

디지털 시대에는 오히려 그 방식이 뉴스를 이해하는 지름길이다. 의견 기사 중에서도 칼럼은 시사 문제를 쉬운 언어와 부드러운 문체로 다룬다. 다른 어떤 기사보다 이해하기 쉽다. 칼럼 하나만 보면 해당 이슈에 대해 숱하게 쏟아져 나온 사실 기사를 읽지 않고도 한 방에 이해할 수 있다. 이슈의 시작은 이렇고 끝은 저렇다는 자초지종이 논리 정연하게 정리돼 있다. 신문에 칼럼 쓰는 사람들이 그동안 자신이 쓴 칼럼들을 하나로 묶어 가독성 있는 책으로 내는 이유도 이런 데 있을 것이다. 신문에 등장하는 그 많은 이슈를 이해하는 데 칼럼만한 글이 없기 때문이다.

30년 신문기자 끝에 대학으로 온 필자가 그간의 졸고(拙稿)를 정리해 독자들 앞에 내놓게 된 이유도 다르지 않다. 칼럼의 성격을 이해하고, 칼럼을 통해 시사 교양을 키우고, 나아가 칼럼 쓰기를 통해 글쓰기 능력을 높이는 계기를 제공하고자 함이다. 신문 읽기를 어려워하는 젊은이들에게 이 책이 칼럼의 길잡이가 되기를 소망한다.

2018년 11월 5일
이종탁

<u>Ⅰ부</u>
칼럼의 이해

II부
칼럼 읽기

1부

칼럼의 이해

1
칼럼이란

칼럼은 시사 문제나 사회풍속 등을 촌평하는 신문의 난(欄)을 가리키는 말이다. 라틴어 columna에서 나온 말로 '원주(圓柱)' 또는 '원주 모양의 것'을 뜻한다. 그러니까 영자신문 지면에서 세로로 길게 뻗은 난이 칼럼의 원조다. 지금은 세로 가로 관계없이 일정 크기의 외곽선으로 정형화(定型化)한 난이면 칼럼이라 부른다.

물론 여기서 칼럼이란 용어에 공간적 의미만 있는 것은 아니다. 우리가 말하는 칼럼이란, 공간과 그 공간에 담기는 글 모두를 가리킨다. 정해진 난(column)에 정기적으로 쓰이는 글이 칼럼이다.

신문에서 칼럼은 사설과 함께 의견 기사로 분류된다. 한국의 신문에서는 신문 맨 뒤의 3~4개면을 '오피니언'이라고 해 사설과 칼럼을 싣는다. 대개 사설은 하루에 세 꼭지이고 나머지는 모두 신문사 내부 또는 외부 필진이 쓰는 칼럼이다.

칼럼과 사설은 글쓴이의 의견이라는 공통점이 있지만, 자세히 들여다보면 여러 면에서 다른 점이 발견된다.

사설이 논리를 중시하는 시론 형식의 글이라면 칼럼은 형식이 자유로운 수필식 문장이다. 사설이 정치 경제 사회 문화 전반에 걸친 공공의 이슈를 다룬다면, 칼럼은 그런 공적 이슈를 포함해 자연이나 계절의 변천에 이르는 소소한 일상사까지 소재로 삼는다.

　결정적 차이는 글의 성격이다. 사설은 신문을 발간하는 언론사의 의견이다. 논설위원들이 그날그날 회의를 통해 주제와 방향을 정하고 담당 논설위원이 대표 집필한다. 그래서 사설은 무기명이다. 반면 칼럼은 개인의 의견이나 주장 혹은 감상이다. 글쓴이의 이름은 물론 사진까지 게재된다.

　사설과 칼럼이 충돌하는 경우는 없을까. 어떤 이슈에 대해 언론사의 견해와 개인의 주장이 반드시 같아야 한다는 법은 없다. 현실적으로 그렇게 같을 수도 없다. 실제로 같은 날짜 신문에서 사설과 칼럼이 같은 주제를 다루면서 서로 다른 방향의 의견을 펴는 경우가 가끔 있다.

　미국 신문에는 꽤 흔한 편이다. 진보 성향의 신문인 뉴욕타임스에 보수 성향의 칼럼니스트 글이 실리는 게 그 예다. 언론사의 주장과 개인의 의견을 철저히 분리해서 보는 것이다.

　하지만 우리나라에선 이런 경우에 익숙해 있지 않다. 독자들은 사설과 칼럼이 따로 논다며 의아하게 여기거나 "어느 장단에 춤추라는 거냐."며 불편해 한다. 2011년 진보 신문인 경향신문에서 보수 논객인 류근일 전 조선일보 주필의 칼럼을 실었을 때가 꼭 그랬다. 신문사 내부에서 찬반 논란이 끊이지 않았고, 결국 오래 가지 못했다. 그래서 국내 신문에선 사설과 칼럼이 거의 한 방향이다. 보수신문에는 보수 칼럼만, 진보신문에는 진보 칼럼만 실린다.

　만약 외부 필진이 쓴 칼럼이 신문사 논조와 맞지 않으면 어떻게 될까. 대학 교수에게 칼럼을 의뢰했는데 들어온 원고를 보니 해당 신문사의 방향성과 배치될 때가 있다.

신문사는 이런 곤란한 상황을 미연에 방지하기 위해 칼럼을 맡기기에 앞서 필자의 성향을 미리 파악해둔다. 어느 교수가 어느 이슈에 어떤 생각을 가지고 있는지 사전에 알고 있어야 혼선을 막을 수 있다. TV에서 토론 프로그램에 출연할 패널을 선정할 때 미리 성향을 알아보는 것과 같은 과정이다. 말하자면 외부 칼럼도 믿는 이에게 맡기는 셈이다. 그런데 그렇게 믿고 의뢰했는데도 뜻밖의 원고가 들어온다면 정중하게 양해를 구하고 돌려보내는 게 통례다.

비단 글의 성향 문제만 그런 것은 아니다. 칼럼이란 미리 정해놓은 난에 싣는 글이다. 그 난을 정할 때는 나름대로 개설 취지가 있다. 시사 문제를 다루는 난에는 시사성 있는 글이 실려야 한다. 경제 문제를 다루는 난에는 경제 칼럼이, 문화 이야기 난에는 문화 칼럼이 실려야 칼럼난으로써 의미가 있다. 음식 얘기를 다루는 난에 뜬금없이 북한 핵 문제를 주제로 한 글이 실렸다고 생각해보라. 그건 이미 칼럼이 아니다. 외부 필진이 칼럼 성격에 맞지 않는 글을 보내오면 신문사는 이 또한 돌려보내고 싶지 않다.

그래서 모든 칼럼에는 해당 칼럼난의 성격을 말해주는 문패가 달려 있다. '데스크 칼럼', '아침을 열며', '중앙시평', '조선칼럼', '동아광장' 등등. 칼럼 하나에 문패 하나씩이기 때문에 한 신문에만 칼럼 문패가 수십 개다.

대개 독자는 문패에 주목하지 않는다. 신문 기사를 신문이 아니라 인터넷으로 보는 시대, 사람들은 문패가 아니라 기사 제목을 보고 클릭 여부를 결정한다. 문패보다 중요한 게 인터넷에 노출되는 제목이다.

하지만 칼럼을 읽는 독자가 칼럼난의 문패를 인식한다는 것은 중요한 의미가 있다. 내가 지금 읽고 있는 칼럼이 왜 이렇게 쓰였는지 알쏭달쏭할 때 그 의문을 풀어주는 열쇠가 문패다. 예를 들어 인터넷에 유통되는 어느 칼럼이 '동아광장'이라는 문패를 달고 있다면, 그 글은 동아일보에 실린 글이다. 그런데 동아광장은 동아일보 소속 기자들이 아니라 동아일보 객원 논설위원이라는 직함을 가진 외부 필진이 쓰는 칼럼이다. 동아일보 사설과는 결이 얼마간 다를 수 있다. 마찬가지로 '삶의 창'이란 문패가 있다면 그건 한겨레신문에 실린 생활 칼럼이다. 정치 시사 같은 이념적 내용을 다루지 않지만 메시지 바닥에 진보적 색채가 기본으로 깔려 있다. 칼럼의 문패가 공간을 구획 지으면서 이처럼 코너의 정체성을 보여주는 것이다.

2

칼럼의 유래

신문에서 칼럼이 등장한 것은 19세기 미국으로 거슬러 올라간다. 1872년 미국 중북부 지역 스프링필드에서 발간되는 〈리퍼블릭〉(The Spring-field Republic)이란 신문에서 오늘날의 칼럼과 유사한 글을 처음 시도한 것으로 전해진다. 그 후 시카고에서 나온 〈데일리 뉴스〉(Daily News), 샌프란시스코의 〈이그재미너〉(Examiner)에 고정 칼럼난이 등장한 것으로 알려진다. 미국에서 신문의 대중화는 가격을 1페니로 낮춰 페니페이퍼라 불린 뉴욕 선(Sun)이 나온 1833년을 꼽는다. 칼럼은 대중지가 나온 지 한참 뒤에 나온 것이다.

칼럼이 정치적 영향력을 갖기 시작한 것은 미국에서 영원한 언론인으로 불리는 월터 리프먼(Walter Lippmann)의 정치 칼럼이 나오면서부터다. 1921년 〈뉴욕 월드〉(New York World)의 논설기자로 명성을 떨친 리프먼은 〈뉴욕 헤럴드 트리뷴〉(New York Herald Tribune)에 칼럼 〈오늘과 내일〉을 집필하면서 미국 정계는 물론 세계 여론에 영향을 주는 칼럼을 다수 발표했다. 그의 칼럼은 1940년에는 165개 신문에 게재될 만큼 전성기를 누렸다. 2차 대전 후 수 십년간 국제 정치계를 상징해온 〈냉전〉(cold War)이란 말도 그의 칼럼에서 나온 말이다.

이런 전통 때문에 미국에는 칼럼을 전업으로 하는 칼럼니스트가 많다. 전국신문칼럼니스트협회(National Society of Newspaper Columnist) 라는 것도 있다.

한국 신문에서는 언제부터 칼럼이 등장했는지 기원을 따지기 애매하다. 관보 성격이지만 국내 최초의 신문으로 꼽히는 1883년 한성순보에 이미 평론이 나온다. 1920년대 민간 신문이 생기면서 당시 언론인이며 정치가 인 송진우, 문인 이광수·이상의 글이 보인다. 당시에는 칼럼이란 서양식 용어를 쓰지 않았겠지만 글의 성격으로 보면 칼럼에 해당한다고 하겠다.

한국 신문에 칼럼이 고정란으로 등장한 것은 1950~60년대다. 신문사 편집 간부들이 돌아가면서 칼럼난에 자기 이름을 내걸고 글을 쓰는 방식 이었다.

1990년대를 지나면서 한국의 신문들은 오피니언 지면을 경쟁적으로 늘 리게 된다. 사회 전반에 걸쳐 다종다양한 뉴스가 늘어나면서 칼럼의 수요 도 늘어났다. 한 개 면에 불과하던 오피니언 지면은 2~3개면으로, 다시 3~4개면으로 늘어났고, 늘어난 공간만큼 칼럼 기사도 많아졌다. 1970년 대 미국 뉴욕타임스가 공론장으로써 신문의 기능을 강화하기 위해 시도한 Op-Ed(Opposite-Editorial) 페이지가 한국 신문에도 들어온 셈이다.

한국에서 칼럼과 오피니언 지면이 늘어난 이유도 미국의 그것과 크게 다르지 않다. 90년대 정치 민주화가 진행되면서 과거 독재정권 시절 억눌 려 있던 집단과 세력의 다양한 의견과 주장이 한꺼번에 표출됐다. 사회 각 계각층의 목소리를 담아내는 공론장 역할을 할 매체가 필요했고, 그게 신 문의 칼럼난이었다.

의견을 자유롭게 개진하고, 논쟁하고, 여론을 형성하는 데 칼럼만큼 유용한 커뮤니케이션 통로는 없다. 독자들도 자고 나면 새로운 뉴스가 나오는 상황에서 뉴스의 의미를 짧은 시간에 쉽게 이해할 수 있는 길이 칼럼 읽기다. 칼럼의 수요가 늘어나면서 신문사들은 유능한 칼럼 필자를 많이 확보하는 경쟁에 나서게 됐다.

다른 한 편에서 한국의 신문 칼럼이 공론장으로써의 기능을 제대로 하지 못한다는 견해도 있다. 공론장이 되려면 사회 현상을 다양한 각도에서 조명하는 다양한 견해가 칼럼에 실려야 한다. 그런데 우리나라 신문 칼럼은 정체성에 부합하는 글만 골라 싣는다. 해당 신문의 논조에 찬성하는 독자들에겐 공정한 칼럼으로 보일 수 있어도, 반대하는 독자들 눈에는 특정 사회집단의 견해만 편파적으로 반영한 편향적 칼럼으로 비친다. 보수는 보수 진영, 진보는 진보 진영의 주장과 논리를 대변하는 진영 논리에서 신문의 칼럼마저 자유롭지 못하다는 비판이 있다.

3
칼럼의 특성

신문 기자들에게 이렇게 물어보자.

"오늘 신문에 실린 여러 기사 중 딱 하나 밖에 읽을 시간이 없는 독자가 있다. 그에게 어떤 기사를 추천하겠는가?"

아마도 열에 여덟아홉은 시사 칼럼 기사를 꼽을 것이다. 그 날의 핵심 이슈를 가장 알기 쉽고 흥미로운 문체로 정리해주는 기사가 칼럼이라는 것을 기자들은 알고 있다.

칼럼 기사가 갖는 강점은 문장에 일정한 준칙이 없다는 점이다. 독자가 쉽게 읽고 함께 즐기며 공감할 수 있는 글이면 좋은 칼럼이다. 그러기 위해서는 글이 부드럽고 예리하고 재미있어야 한다. 인간적 흥미가 담겨있고, 회화적 여운의 예술성이 묻어나야 한다. 사실관계를 6하 원칙에 따라 전하는 뉴스 기사나, 건조하게 논리만 중시하는 딱딱한 사설 기사에 비해 칼럼이 많이 읽히는 이유가 여기에 있다. 독이성(讀易性)이 뛰어난 것이다.

칼럼이 사설보다 많이 읽히는 이유를 다른 차원에서 설명하면, 칼럼이 사설을 포괄하는 상위 개념이라는 점이다. 칼럼은 사설이 가지고 있는 논리 요소와 피처 기사가 가지고 있는 흥미 요소를 동시에 갖고 있다. 이 중 어느 하나만 있으면 칼럼으로서 필요충분조건을 갖추었다고 말하기 어렵다. 어떤 사건의 전모를 들추어내어 예리한 시각으로 비판하면서 독자들의 공감을 얻는 결론까지 제시하려면 논리와 흥미를 다 갖추지 않으면 안 된다. 풍부한 정보와 사례가 맛깔스러운 문체로 표현되어 있어야 한다. 19세기 미국의 언론인 월터 리프먼이 "사설과 칼럼은 4촌 사이"라고 했지만, 이런 측면에서 보자면 칼럼은 사설의 아버지뻘쯤 되는 셈이다.

4
칼럼의 유형

칼럼은 스타일이 자유로운 만큼 종류도 많다. 학자들마다 분류하는 방식도 여러 가지다. 글의 내용에 따라 논설 칼럼, 에세이 칼럼, 일화 칼럼, 단평 칼럼, 가십 칼럼, 논단 칼럼, 생활 칼럼, 전문가 칼럼 등으로 나눌 수도 있고, 소재에 따라 정치 칼럼, 경제 칼럼, 스포츠 칼럼, 영화 칼럼, 요리 칼럼, 여행 칼럼, 유머 칼럼 등으로 나누어 이름 붙일 수도 있다.

신문사에서는 필진에 따라 사내 칼럼, 사외 칼럼으로 나눈다. 사내 칼럼 중에서도 논설위원 칼럼, 데스크 칼럼, 현장기자 칼럼으로 세분하고, 사외 칼럼에서도 정기적으로 게재되는 고정 칼럼과 현안이 발생할 때 그에 맞추어 싣는 임시 칼럼으로 구분한다. 신문사에서 먼저 의뢰하지는 않았지만 외부 필자가 자발적으로 보내오는 글 중 게재 가치가 있다고 판단되어 골라 싣는 기고문도 외부 칼럼에 속한다.

칼럼난을 특정 필자 한 명에게 맡길 때도 있다. 이런 경우 글 쓰는 이의 이름을 따 'ㅇㅇㅇ 칼럼'이라고 부른다. 대개 경험 많고 필력 좋은 논설위원급 기자에게 그 같은 기명 칼럼의 기회가 주어진다.

칼럼의 특성 중 하나는 글의 길이가 600자에서 2,000자 정도로 길지 않다는 점이다. 이보다 긴 글은 가독성이 떨어지기 때문에 칼럼에 부적합한 것으로 간주된다. 시사 칼럼은 주로 1,000자 안팎이지만, 500~600자 정도의 짧은 칼럼도 있다. 1,000자 안팎의 메인 칼럼과 나란히 배치되는 단평(短評)이라 불리는 미니 칼럼이 그것이다. 칼럼에 달린 문패를 보면, 경향신문은 '여적', 조선일보는 '만물상', 중앙일보 '분수대', 동아일보 '횡설수설', 한겨레 '유레카' 등의 이름이 붙어 있다.

미니 칼럼은 가벼운 소재를 위트와 해학, 은유를 섞어 경쾌한 문장으로 짚어준다. 이 때문에 첫 문장부터 마지막까지 한달음에 읽어 내려가도 숨이 차지 않는다. 읽는 재미가 있어 메인 칼럼보다 오히려 주목도가 높은 경우가 많다.

5
칼럼 쓰기

신문사에서 칼럼은 대체로 경력 20년 정도 되는 논설위원이나 데스크급 기자들의 몫이다. 하지만 그보다 경력이 적은 기자들도 칼럼 쓰기 훈련은 꾸준히 한다. 출입처나 사건 현장 주변에서 일어나는 일 중 스트레이트 기사로 담아내기 곤란한 내용을 칼럼 기사로 소화한다. 고참 기자들이 쓰는 글이 메인 칼럼이라면, 연차가 낮은 기자들이 쓰는 글은 현장 칼럼이다.

신문 기자가 아니어도 칼럼은 누구나 쓸 수 있다. 다른 직업을 가지고 있으면서 칼럼니스트로서의 자질과 능력 또한 갖춘 이들은 이미 우리 주변에 흔하다. 꾸준히 노력하면 누구나 칼럼니스트 소리를 들으며 글을 쓸 수 있다. 우리 사회에서 일어나는 여러 현상에 대해 배경과 원인을 파악하고 해결 방안은 무엇인지 비판적 문제의식을 가지고 바라보기 시작하면 첫 번째 자격 관문은 통과했다고 보아도 좋다. 그 후엔 관심 갖는 이슈와 정보들을 찾아내 비판적으로 분석하고 활용하며 자기주장과 의견을 담금질하는 과정이 필요하다. 그 같은 담금질을 위해 책을 많이 읽고, 생각날 때마다 메모하고, 틈날 때마다 써보는 것이다.

어느 칼럼이든 저널리즘 글쓰기의 기술이 종합적으로 요구되는 것은 같다. 칼럼은 다양한 수사학과 설득 기법, 논리적 구성법을 활용해 쓰인다.

주제 잡는 법

칼럼을 쓰려면 먼저 주제를 잡아야 한다. 주제는 글의 핵심 메시지다. 필자가 독자들에게 궁극적으로 하고자 하는 말이다. 무엇을 말할 것인가, 이게 칼럼에서 가장 중요한 것이다.

칼럼 필자는 자신이 써야 할 시기를 달력에 표시해둔다. 자기 차례가 다가오면 주제가 될 만한 글감과 요지를 머릿속으로 구상한다. 칼럼의 대강을 건축물 쌓아 올리듯 기초부터 차곡차곡 그려본다. 마음에 들지 않으면 지우거나 모래성처럼 허물어도 된다. 그렇게 머릿속으로 썼다 지웠다를 몇 차례 반복해 가며 하나의 주제로 압축하고, 이거다 싶을 때 본격적으로 쓰기에 들어간다.

물론 언제나 주제를 먼저 선명하게 정하고 시작하는 것은 아니다. 때로는 글을 써 나가면서 주제가 굳건하게 다져질 때도 있다. 이런 경우에는 그나마 다행이다. 자칫 희미한 주제를 가지고 써내려 가다보면 도중에 옆길로 새는 경우도 종종 있다.

그래서 칼럼의 주제를 눈을 손으로 꼭꼭 눌러서 만드는 최초의 눈뭉치에 비유하기도 한다. 눈뭉치가 단단하면 눈덩이가 잘 불어나고, 부실하면 눈덩이가 중간에 흐트러지기 때문이다.

어떤 주제가 좋을까. 글쓴이의 지식과 경험이 바탕이 되어야겠지만 어떤 종류의 글이든 새로운 관점이나 시각이 있어야 좋은 칼럼이라고 할 수 있다. 아무리 좋은 말이라 해도 남이 주장한 내용을 되풀이하는 수준이라면 칼럼으로 자격 미달이다. 불가피하게 비슷한 주제를 다룬다면 해당 주제를 풀어가는 재료, 즉 소재나 사례라도 신선해야 한다.

　다음으로 중요한 것은 사회적 의미다. 여기서 사회적 의미라는 말은 동시대 사람들이 공통적으로 관심을 갖고 중요하게 생각하는 문제라는 뜻이다. 한마디로 언론에 비중 있게 보도되는 사안이 칼럼의 좋은 주제가 된다.

　주제의 초점은 선명할수록 좋다. 주제가 뜬구름 잡는 식으로 막연하거나 추상적으로 흐르면 글에 힘이 없다. 구체성 없는 글은 재미도 없고 감동도 주지 못한다. 운동선수들의 병역 특례 문제를 다루는 칼럼의 결말 부분에 가서 "우리 모두 나라 사랑하는 마음을 가져야 한다."는 식의 공허한 당위론을 들먹인다면 맹탕이 되고 만다. 대안을 제시할 때에도 구체성이 있어야 설득력이 있다.

구성 전략

　무엇을 쓸 것인지 주제를 정하고 나면 다음은 메시지를 어떻게 풀어나갈 것인지 전략을 세우는 단계다. 칼럼이란, 자신이 말하고자 하는 메시지를 독자들에게 효과적으로 전달하는 게 목적이다. 구성 전략의 처음과 끝이 여기에 맞춰진다.

　구성 전략을 수립하는 데 가장 먼저 고려해야 할 변수는 칼럼의 길이다. 입사 시험을 보는 면접에서 30초 동안 얘기하라는 것과 3분간 말해보라는 것은 하늘과 땅 차이다. 30초 안에 얘기하려면 주요 골자만 언급할 수밖에 없지만, 3분 동안 얘기할 수 있으면 깨알 같은 정보를 나름대로 요리해 내놓을 수 있다. 칼럼도 마찬가지다. 600자 칼럼을 쓸 때와 1,200자 칼럼을 쓸 때 구성 전략은 사뭇 다르다. 호흡을 길게 가져가면 주제와 관련된 경험과 사례가 충분히 들어갈 수 있지만, 호흡이 짧다면 핵심 요지를 부각시키는 것만으로도 글 공간이 다 채워진다.

다음 변수는 칼럼을 읽을 예상 독자다. 이 글을 주로 읽을 독자가 누구인지 예상하는 일이다. 일기는 글쓴이 자신이 훗날의 독자이고, 논문은 같은 분야 연구자들이 예상 독자다. 신문을 읽는 독자는 전문가에서 문외한에 이르기까지 스펙트럼이 매우 넓다. 영화 기자가 영화감독이나 배우 같은 영화인을 예상 독자로 염두에 두고 쓸 때와 영화를 취미로 즐기는 사람을 독자로 예상하고 쓸 때 글의 접근법이 다를 수밖에 없다. 같은 톤으로 쓰면 오히려 곤란하다. 스포츠 전문지 기자가 쓰는 칼럼과 종합신문의 스포츠 담당 기자가 쓰는 칼럼 또한 달라야 제 맛이 난다.

소재 활용

무엇을 쓸 것인지 주제를 정하고 구성 전략을 짰으면 주제를 부각하기 위해 동원 가능한 소재를 모아볼 때다. 글의 도입부 또는 중간에 사용하기에 적합한 에피소드가 없는지 우선 떠올려 본다. 필자가 직접 눈으로 보고 경험한 내용은 언제나 글의 좋은 재료가 된다. 이어 과거에 확인된 역사적 사실, 백과사전적 지식, 최근 신문 보도를 통해 확인된 사실 등 자료로써 남아있는 공식적 사실들을 소재로 활용할 수 있다. 칼럼 주제를 잘 나타내주는 속담이나 명언, 사자성어가 있다면 이 또한 소재로 사용된다.

단락 구성

단락(paragraph)은 글의 한 토막이다. 긴 글을 내용에 따라 나눌 때 하나하나 짧은 이야기 단위를 말한다. 문장이 모여 단락이 되고, 단락이 모여 글이 완성된다. 글을 읽다 보면 행이 바뀌는 부분이 있는데 이 부분이 단락과 단락이 나뉘는 경계다.

단락을 구분하는 것은 글의 성격이나 필자 성향에 따라 약간의 차이가 있다. 대개는 화제를 바꿔야 할 때, 지금까지와 다른 얘기를 시작해야 할 때 단락을 바꾼다. 이제부터 새로운 이야기, 다른 논리가 전개되니까 주의하라고 독자들에게 신호를 보내는 셈이다.

글을 오래 써온 사람들이 쓰는 글은 단락을 일부러 나누지 않아도 글이 자연스럽게 흘러가면서 단락 구분도 자동적으로 이뤄진다. 하지만 많이 써 보지 않은 사람은 의식적으로라도 단락을 개괄적으로 구성하고 글을 시작하는 것이 안전하다. 자칫 글을 써 나가다 엉뚱한 방향으로 흘러갈 수 있기 때문이다.

남재일·이재훈의 〈저널리즘 글쓰기의 논리〉(2013, 커뮤니케이션북스)에 보면 칼럼 쓰기에 자주 등장하는 논리 전개 방법으로 5단락 구성법이 제시된다. 실제 신문에 실리는 칼럼의 대부분은 이 5단락 구성법이란 공식에서 벗어나지 않는다.

5단락 구성법의 1단락은 사례 예시다. 칼럼은 자기주장을 중반 이후에 드러내는 게 보통이다. 글 첫 머리에 자기주장을 직접적으로 표현하면 글이 딱딱해지면서 독자로부터 외면받기 십상이다. 그래서 첫 단락에는 독자의 관심을 끌 만한 흥미로운 소재를 풀어놓는다. 본인의 경험이나 에피소드, 누구나 재미있어할 만한 풍속도 이야기나 가고 싶어 하는 여행지 풍경, 또는 인기 있는 영화나 소설의 한 장면 같은 이야기로 시작한다.

이들 사례는 글의 주제를 압축적으로 전해주는 은유의 의미가 있어야 한다. 제시된 사례가 아무리 흥미롭다 해도 글의 주제와 아무런 연관성이 없다면 뜬금없는 얘기가 되어 독자들에게 의아함만 안겨줄 뿐이다.

2단락은 개념의 압축이다. 1단락에서 든 사례의 의미를 글의 주제에 맞게 논리적 개념으로 압축하는 과정이다. 여기서 중요한 것은 사례의 의미를 얼마나 정확하고 선명하게 개념화하느냐의 문제다. 공기압이 팽팽한

타이어처럼 개념 압축이 꽉 차게 이뤄져 있으면 주제를 건드리는 논리 전개 단계로 넘어가는 데 한결 수월해진다.

3단락은 문제 설정이다. 여기서는 주제를 본격적으로 드러내며 자기주장을 펼친다. 무엇이 문제이고, 어떤 차원에서 문제인지, 왜 그렇게 되었는지, 문제의 원인은 어디에 있고 어떤 대안이 있을 수 있는지 조목조목 파헤친다.

4단락은 논리적 주장이다. 제기된 문제에 대해 필자가 자기주장을 펴는 본격적인 장이다. 여기서 필요한 것은 논리적 설득력이다. 원칙과 기준을 세우고, 그에 부합하는 근거를 제시하는 것이 4단락에서는 중요하다. 논리 근거는 공신력 있는 자료가 될 수도 있고, 권위 있는 전문가의 견해가 될 수도 있다. 과거 유사한 전례를 들거나, 외국의 사례를 들어도 근거가 될 수 있다.

5단락은 마무리다. 앞의 주장을 압축적으로 정리하면서 대안을 제시하는 것이 일반적이다. 글의 논리적 완결성을 위해 첫 머리와 마지막 문장이 이어지는 수미상관(首尾相關)형이면 무난하다.

좋은 문장이 되려면

칼럼도 결국은 문장이다. 문장이 좋아야 칼럼의 품격도 높아진다. 그렇다면 좋은 문장이란 어떤 것인가. 어떻게 하면 좋은 문장을 쓸 수 있을까.

좋은 문장을 한마디로 나타내면 읽기 쉬운 문장이다. 어려운 글을 쓰는 것은 크게 어렵지 않다. 전문가들이 쓰는 용어와 개념과 논리를 그대로 인용하면 된다. 이렇게 되면 쓰는 사람은 쉽지만 읽는 사람은 어렵다. 무슨 말인지 알 수 없다. 이게 잘못된 칼럼의 전형이다.

쉬운 글은 어렵게 쓰기 마련이다. 복잡하고 까다로운 사안을 알기 쉬운 말로 풀어내려면 그 사안을 충분히 소화해서 자기 문장으로 다시 뱉어내는 과정이 필요하다. 얽히고설킨 실타래를 완전히 풀어헤친 다음 새롭게 매듭을 만들어 내는 것이다. 글 쓰는데 산고의 고통이 수반된다는 말은 이래서 나온다.

미디어 글은 기본적으로 사실 위주의 간결하고 명료한 문장이 생명이다. 문학적 글쓰기에서 보이는 화려한 수사(修辭)는 미디어 글쓰기에서 중요하지 않다. 뉴스에서 미사여구는 진실을 가리는 독(毒)으로 작용할 때도 있다.

칼럼 기사도 마찬가지다. 사실을 전하는 뉴스와는 성격이 다르지만 칼럼 또한 꾸밈이 많거나 현학적으로 흘러서는 곤란하다. 칼럼에서 문체는 중요하다. 하지만 미디어 글에서 문체란 독자가 얼마나 쉽게, 흥미를 가지고, 술술 읽어 내려갈 수 있게 쓰느냐 하는 문제다.

이렇게 본다면 칼럼은 누구에게나 열려있는 공간이다. 문학 글은 예술가의 감수성과 재능이 있어야 쓸 수 있겠지만, 칼럼 글은 연습하고 노력하면 누구나 쓸 수 있다. 대학생들에게 칼럼 쓰기를 권장하는 배경이다. 좋은 칼럼 문장을 쓰기 위해 주의를 기울여야 할 포인트 몇 가지를 들어보자.

1) 주어와 술어의 호응에 주의한다.

우리말은 크게 주어와 술어로 구성된다. 주어나 술어는 불가분의 관계다. 어느 하나만 있어도, 둘이 따로 있어도 문장이 성립하지 않는다. 그런데 글 초보자들이 가장 자주 저지르는 문장의 오류가 주술의 불일치다.

> 행정안전부는 3일부터 결재문서 원문 정보를 통해 국장급 이상 모든 결재 문서가 인터넷으로 자동 공개된다.

이 글에서 주어는 '행정안전부', 술어는 '자동 공개된다'이다. 주술을 압축하면 "행정안전부는 공개된다."가 되어 말이 안 된다. 그런데 중간 이후 문장을 보면 "모든 결재문서가 인터넷으로 자동 공개된다."라고 돼 있다. 여기서는 주어가 '결재문서', 술어가 '공개된다'여서 말이 된다. 주어가 둘인 복문을 쓰면서 본디 주어에 호응하는 술어를 깜박 잊고 생략하는 바람에 빚어진 오류다. 칼럼을 쓰면서 이런 문장 오류는 절대 금기다.

2) 수식어 위치에 주의한다.

칼럼에서는 수식어를 사용할 때가 많다. 이 때 수식어의 위치를 잘못 잡으면 뜻이 모호해지거나 글이 갑자기 어려워진다. 형용사는 수식하는 명사 바로 앞에, 부사는 동사 앞에 놓아야 오해의 여지가 없다.

"술에 취한 주인과 손님이 서로 엉켜 주먹질을 하다가"라고 쓰면, 술에 취한 사람이 주인인지, 손님인지 혹은 둘 다인지 분명치 않다.

3) 병치구조(parallelism)를 활용한다.

병치구조는 한 문장 안에 같은 기능을 하는 말이 둘 이상 있을 때 같은 형태로 나란히 서술하는 것을 말한다. 단어와 단어, 구와 구, 절과 절을 나란히 배치하는 게 병치구조다.

> 전쟁과 평화(단어)
> 참신한 질문에 진부한 답변(구)
> 나는 너를 사랑으로 대하는데, 너는 나를 우정으로 바라보네.(절)

위의 예문을 '참혹한 전쟁과 평화', '질문에 진부한 답변'이라고 바꿔보자. 한 쪽에는 수식어가 있는데 다른 쪽에는 수식어가 없어 균형을 잃으면서 눈에 거슬린다. 병치(竝置) 구조는 아주 조금만 흐트러져도 글의 맛이 뚝 떨어진다.

구와 구, 절과 절을 무조건 나란히 배치한다고 병치 구조가 되는 것도 아니다.

'사람은 책을 만들고 책은 사람을 만든다'는 명언은 교보문고 신용호 창립자가 한 말이다. 이걸 본 떠 "사람은 책을 만들고, 책 읽는 계절이 돌아왔다."라고 쓰면 앞의 절과 뒤의 절에 연결성이 없다.

병치구조 문장은 군더더기가 없고 깔끔해 보이지만 어설프게 흉내 내다 간 오히려 어색하고 난삽한 문장이 된다. 칼럼을 잘 쓰려면 병치구조를 적절히 활용할 줄 알아야 한다.

4) 짧은 문장을 쓴다.

칼럼 문장에서 길이에 대한 원칙은 없다. 글의 성격, 글 쓰는 이의 스타일에 따라 짧을 수도 있고, 길 수도 있다. 전제는 읽기 쉬워야 한다는 점이다. 그리고 읽기 쉬운 글은 대개 짧은 글이다.

신문에선 한 문장이 40자 이상 넘어가면 길다고 본다. 컴퓨터 문서작성 프로그램에서 1.5줄을 넘어가면 읽는 데 숨이 차다고 한다.

그러나 단문이 좋다고 해서 모든 문장을 짧게 쓴다면 그 또한 획일적이다. 문장 길이가 같으면 글이 심심해진다. 글에도 강약과 장단이 적절하게 배합되어야 좋다. 그래야 리듬 타듯이 술술 읽어나갈 수 있다.

한 문장에는 하나의 사실, 하나의 메시지만 담는다는 수칙도 있다. 문장은 독자가 글을 읽으면서 사고를 하는 기본 단위다. 성격이 다른 두 가지 이상의 메시지가 한 문장에 들어있으면 독자들 머릿속이 혼란스러워진다.

5) 독자에게 익숙한 이미지를 활용한다.

글을 쓰다 보면 수치를 써야 할 때가 있다. 수치가 있어야 구체성이 생기고 힘이 실린다. "10년 만의 재회", "111년 만의 폭염" 같은 표현은 피부에 와 닿는다. 그런데 이런 수치는 많지 않다. 바닥면적 82㎡ 건물, 인구 183만 명의 도시라고 하면 느낌이 쉽게 오지 않는다. 이럴 때엔 수치를 우리에게 익숙한 이미지로 바꿔 전달하면 좋다. "여의도 두 배 면적", "한반도 1.5배 크기", "연봉 7,000만원의 샐러리맨이 월급을 한 푼도 쓰지 않고 5,000년 저축해야 살 수 있는" 같은 표현은 느낌이 금세 온다.

수치뿐만 아니라 어떤 개념을 설명할 때도 독자에게 미리 입력된 정보나 이미지를 활용하면 효과적이다. 필리핀 전 대통령 막사이사이를 기리기 위해 제정된 막사이사이상을 설명하면서 '아시아의 노벨상'이라고 한다든지, 뛰어난 발재간을 보이는 축구 신인 선수를 가리켜 '차세대 한국의 메시'라고 하면 사람들 머릿속에 금방 그림이 그려진다.

6) 고치고 또 고친다.

아무리 베테랑 칼럼니스트라 해도 글을 쓰고 나면 송고하기 전에 반드시 퇴고의 과정을 거친다. 읽어보고 고쳐 쓰고, 다시 읽어보고 다시 고쳐 쓴다. 이걸 수없이 반복할 때도 많다. 노벨문학상 수상자인 소설가 헤밍웨이는 〈무기여 잘 있거라〉를 44번 고쳐 썼다는 일화가 전해진다.

퇴고 제1의 수칙은 문장 다이어트다. 글 초보들의 특징 중 하나가 중언부언이다. 하고 싶은 말을 요령 있게 하지 못하다 보니 같은 내용의 말을 여기저기 장황하게 늘어놓는다. 퇴고할 때는 이런 불필요한 대목을 남김없이 지워야 한다. 내가 쓴 글에서 없어도 뜻이 통한다면 그것이 단어, 구, 절 무엇이든 삭제한다는 마음으로 퇴고한다. 글에서 과도한 체지방을 줄

여서 탄탄한 근육질의 문장을 만든다고 생각하면 된다.

7) 마무리가 중요하다.

칼럼의 성패는 마무리에 있다. 글을 끝까지 읽어가게 하는 힘은 첫 머리에 있지만, 읽고 난 뒤 뭔가 남는 게 있으려면 피날레가 감동적이어야 한다.

칼럼의 마무리는 짧고 강력한 문장으로 독자 뇌리에 명확한 인식을 남길 수 있으면 좋다. 이를 위해 가장 널리 쓰이는 기법이 앞에 소개한 수미상관형이다. 마무리 글을 머릿글과 연결시켜 작성하면 전체적인 글의 일관성이 유지되면서 필자가 강조하는 내용이 선명해지는 효과가 있다.

의문형, 제안형으로 마무리할 수도 있다. "지금 이 시점에서 가장 요구되는 것은 ~하는 것이다"라고 쓰거나 "~이라도 해봄직 하지 않은가?"라는 식으로 종결짓는 방식이다. 마지막에 에둘러 말하지 않고 직설적으로 표현해 강한 인상을 남기는 것도 방법이고, 반대로 반어법을 사용해 넌지시 호소하는 전략을 쓰는 것도 기법이다.

인용문으로 마무리를 할 수도 있다. 칼럼의 논지를 대변할 만한 명구나 유명인사의 어록을 직접 인용하면서 글을 끝내면 신뢰를 잃지 않으면서 강렬한 인상을 남길 수 있다. 물론 그 밖의 다른 마무리 기법들도 독자에 감동을 주기만 한다면 당연히 용인된다.

자, 이제 칼럼이 어떻게 생겼는지 주제와 소재, 문장과 마무리 기법을 염두에 두면서 하나씩 읽어보자. 여기에 수록한 칼럼은 필자가 그간 경향신문과 내일신문에 쓴 것으로 글이 실린 이후 정치사회적 상황이 달라졌지만, 칼럼 본래의 성격을 존중해 수정 없이 그대로 실었음을 일러둔다.

II부

칼럼 읽기

삶의 의미

찜통 공간과 쾌적 공간

요즘 같은 날씨에서 세상은 둘로 나뉜다. 에어컨이 나오는 안과 나오지 않는 밖의 세상이다. 밖은 숨이 턱턱 막히는 찜통 공간이고, 안은 서늘한 쾌적 공간이다. 모 아니면 도, 극에서 극이다. 중간지대가 없다.

밖에 있으면 머릿속에 온통 더위 생각뿐이다. 찜통에서 벗어날 때까지 더위를 참고 견디는 것, 그게 삶의 단기 목표가 된다. 노동은 물론 휴식을 즐기는 것조차 언감생심이다. 무엇이라도 하려면 안으로 공간 이동을 해야 한다. 쾌적 공간에 발을 들여놓아야 사람이 사람 구실을 할 수 있다. 111년 만이라는 기록적 폭염이 이어지면서 우리는 사람이 날씨 환경에 매우 취약한 동물이라는 걸 처음 알게 됐다.

지하철 지상 승강장에서 비지땀을 흘리며 열차를 기다리다 전동차 안으로 들어서면 온몸에 희열이 느껴진다. 문 하나를 사이에 두고 천국과 지옥으로 갈라지는 기분이다. 그런데 중요한 것은 그 느낌이 오래가지는 않는다는 점이다. 찬바람에 몸이 식고 땀이 마를 때쯤이면 천국 생활은 이미 무덤덤해져 있다. 전동차 창문 너머로 보이는 바깥은 어느새 나와 무관한 세상이다. 조금 전까지 머릿속을 온통 채우던 더위 생각은 어디로 사라졌는지 흔적이 없다. 문밖의 폭염은 흘러간 과거사일 뿐이다. 사람 마음이 이렇게 간사하다.

에어컨이 나오는 쾌적 공간에선 더위가 아니라 추위를 걱정할 때도 많다. 지하철 전동차를 포함해 도서관 영화관 대형마트 같은 다중이용시설에서는 종종 체온을 보호해 줄 가디건이 필요하다. 가정에서도 바깥 더위 심하다고 에어컨을 강하게 틀다 보면 실내 온도가 지나치게 내려갈 때가 있다. 이런 환경에 장시간 노출되면 몸에 탈이 나기 십상이다. 밖에서는 더위 먹고, 안에서는 추위 먹는다는 게 괜한 말이 아니라 현실이 된다.

에어컨 유무 따른 계층 격차

같은 뙤약볕 아래 살면서 한 쪽은 더위 먹고, 다른 쪽은 추위 먹는 집단이 있다면 이 자체로 사회 갈등의 원인이 된다. 에어컨 유무에 따른 계층 격차가 사회 통합을 저해하는 또 다른 요인이 되는 셈이다.

얼마 전 군부대 에어컨 설치율이 100%를 넘었다는 보도를 보면서 일반 가정은 어떤지 궁금해 찾아봤다. 가장 최근 발표된 통계가 2013년 한국전력거래소에서 실시한 '가전기기 보급률 및 가정용 전력 소비행태 조사'다. 이에 따르면 당시 에어컨 보급률은 67.8%다. 그 후 에어컨 판매가 꾸준히 늘어난 것을 감안하면 지금은 열 집 중 여덟 집 정도가 쾌적 공간의 환경에서 살고 있을 것이란 추정이 가능하다. 뒤집어 말하면 국민 20%는 찜통 공간에서 오로지 여름이 빨리 지나가기만 바라며 하루하루를 견디고 있다는 얘기다. 폭염이 장기화되고 있는 요즘 이들이 언제까지 견딜 수 있을지 걱정이 된다.

문재인 대통령이 때마침 "냉방기기 사용은 국민의 건강, 생명과 직결된 기본적인 복지"라며 '에어컨 복지'를 적극 주창하고 나온 것은 그런 점에서 반갑기 그지없다.

이제 에어컨은 가진 사람의 사치품이 아니라 사람다운 삶을 가능케 하는 생필품이다. 저소득층을 위한 복지정책이라면 주거 복지, 일자리 복지,

의료 복지 등 여러 분야가 망라돼야겠지만, 에어컨 복지도 빼놓을 수 없게 됐다.

에어컨 복지 문제에서 하나 덧붙이고 싶은 것은 공동체 의식이다. 쾌적 공간에 있다고 해서 추위를 느낄 정도로 에어컨을 트는 것은 그 자체로 낭비이기도 하지만 다른 사람에 대한 예의가 아니다. TV에 보면 정관계 고위직일수록 정장에 넥타이까지 메고 나온다. 아침 눈 뜰 때부터 밤에 잠들 때까지 쾌적 공간을 벗어나지 않는 이들이다. 40도의 폭염이라고 해도 생활하는 데 달라질 게 없는 이들, 그런 이들이 찜통 공간의 고충을 어떻게 가슴으로 느낄까.

어느 공간 있느냐가 인간 사고 규정

박원순 서울시장이 한 달 일정으로 옥탑방에서 지내는 것을 놓고 설왕설래가 많다. 옥탑방은 찜통 공간의 대명사 같은 곳이다. 이런 곳에서 선풍기와 부채로 지내는 박 시장을 두고 "다음 대통령 선거를 의식한 쇼하는 거냐."는 비판이 나온다. 서울시장이 찜통 공간 체험을 하다보면 서민을 위한 정책구상이라는 당초 목적은 사라지고 더위를 견디는 데 온 에너지를 쓰게 될 것이라는 비판은 일리가 있다. 그러나 쾌적 공간에만 있으면 찜통 공간 사람들의 삶과 생각을 결코 이해할 수 없다. 요즘 같은 더위에선 어느 공간에 있느냐가 그 사람의 사고를 규정한다. 에어컨 복지에는 공간의 공유의식도 필요하다.

(내일신문 2018.08.07)

군함도 가는 길

지난 주말 일본 사람들이 하시마 또는 군칸지마라고 부르는 군함도에 다녀왔다. 나가사키 항에서 남서쪽으로 40여분이면 닿을 수 있는 곳, 일본에는 근대 산업화의 상징인 해저 탄광섬으로, 우리에겐 영화 군함도를 통해 강제 징용된 노동자들의 지옥섬으로 잘 알려져 있는 바로 그 곳이다. 섬이라 해도 축구장 2개 크기밖에 안 되는 작은 땅이어서 사시사철 거센 바닷바람과 파도가 들이치는 곳이다. 때문에 관광객을 실은 여객선도 두 번 중 한 번꼴로는 코앞에서 뱃머리를 돌린다고 한다. 그런 섬에 한 번 만에 내렸으니 날씨 운이 꽤나 좋았던 셈이다.

무사히 섬에 발을 디디긴 했지만, 군함도로 가는 여정은 이해할 수 없는 과정의 연속이었다. 승선에 앞서 의무적으로 제출하라는 서약서부터 눈살을 찌푸리게 했다. "나는 군함도 견학시설을 이용함에 있어 아래 사항을 엄수할 것을 맹세합니다."라고 시작하는 서약서는 정해진 구역 이외의 장소에는 들어가지 말라는 따위의 세세한 행동지침이 적혀 있다. 섬 전체를 엄격하게 통제하고 있다는 얘기다.

섬에 내려 보니 관광객에게 허용된 동선(動線)은 지극히 좁고 짧다. 1974년 폐광 이후 아무도 살지 않아 폐허가 된 섬, 그 부서진 건물 더미를 먼발치서 바라볼 수 있을 뿐, 섬 내부의 모습은 눈으로 확인할 수 없다. 300m 가량의 정해진 이동 경로에서 한 발자국이라도 벗어나려다간 당장

쇠로 된 난간에 가로막히고 큰 봉변을 당할 수도 있다.

"저기 저 건물은 1918년 지은 일본 최초의 철근 콘크리트 아파트입니다. 광원들 사택이었습니다."

안내원 복장을 한 60~70대 할아버지가 관광객을 '견학광장'이라는 곳에 모아놓고 현장 설명을 해준다.

한국인과 중국인 의도적 노골적으로 무시

질 좋은 석탄을 캐기 위해 바다 밑 100m 지점까지 파 내려갔다는 이야기, 더 많은 탄을 캐기 위해 섬 주위를 여러 번 매립해 지금의 3분의 1 정도밖에 안 되던 섬을 오늘날의 크기로 넓혔다는 이야기 등이 레코드처럼 흘러나온다. 그런데 어디에도 외국인 노동자 이야기는 없다. 참다못해 "전쟁 시기 이곳에서 일하던 한국인은 어느 건물에서 살았나요?"라고 물어보았지만, "그런 사실은 모르겠습니다."라고 하는 무표정한 대답만 돌아온다. 딱 잡아떼는 것이겠지만 이들 안내원들이 모두 소정의 교육을 이수하고 교본에 쓰인 대로 말할 것이라고 생각하면 크게 이상할 것은 없다.

그보다 납득할 수 없는 것은 의도적인 그들의 말과 글이다. 팸플릿 문안에서 안내원 설명, 선상 비디오 상영에 이르기까지 오로지 일본어만 나온다. 섬 안의 관광객들을 일본인과 외국인으로 구분지어 놓고도 외국인들 앞에서 일절 통역 없이 자기 나라 언어만 쓴다. 일본어에 능통하지 않은 외국인은 이들이 무어라 안내하는지 알아들을 수가 없다. 이곳을 찾는 외국인이라면 한국인 아니면 중국인일 텐데, 두 나라 국민을 노골적으로 무시하겠다는 태도가 아닌 다음에야 이럴 수가 없다.

군함도를 오늘날 한일 외교 분쟁의 현장으로 만든 쪽은 전적으로 일본이다. 오랫동안 버려져 있던 무인도를 어느 날 갑자기 '근대 산업혁명 유산'이라고 추켜세워 관광지로 개발하더니, 유네스코를 움직여 세계문화유산으로 등재시켰다. 그러면서 한국인 노동자들의 강제 노역에 대해서는 입도 뻥긋하지 않았다. 해저 탄광에서 캐낸 석탄의 품질이 최고였다는 사실은 자랑스레 밝히면서도 그 채굴의 최일선에서 피 땀 흘린 노동자 상당수가 한국인이라는 사실은 애써 외면했다. 한국인의 아픈 가슴을 참담하게 짓밟으면서 또 한 번 역사 왜곡을 자행한 것이다.

세계문화유산 등재되자마자 말 바꾸기

2년 전 군함도가 세계문화유산에 등재될 때 일본 정부는 과거 한국인이 자기 의사에 반해 강제 노역한 일이 있었으며, 그 희생자를 기리는 정보센터 설치 등의 조치를 취하겠다고 약속한 바 있다. 그 후속 조치에 대한 이행 보고서를 제출해야 하는 마감일이 다음달 1일이다.

세계문화유산에 등재되자마자 교묘하게 말 바꾸기를 한 일본이 이 약속을 어떻게 뒤집을지 알 수 없다. 분명한 것은 마감일을 보름 정도 남겨놓고 방문한 군함도에서 그 약속이 이행되는 분위기를 읽을 수는 없었다는 점이다. 당시 우리 외교부 당국자는 일본의 약속 불이행 가능성을 제기하는 기자들에게 "국가의 양심 문제"라고 말했다는데, 일본의 양심을 지금도 믿고 있는지 묻고 싶다. 군함도 앞바다의 풍랑이 보름 뒤엔 한층 거세질 것 같다.

(내일신문 2017.11.15)

가장 고달픈 세대

9월이 되면 대학가는 또 한 번 르네상스를 맞는다. 새 학기 수업을 앞둔 교수들의 표정에 가벼운 긴장감과 설렘이 배어있고, 개강 총회다, 동아리 모임이다 해서 여기 저기 몰려다니는 학생들의 얼굴에 웃음꽃이 핀다. 오랜만에 만난 사람들이 시끌벅적 와자지껄 반갑게 인사 나누는 소리는 한동안 적적하던 캠퍼스에 활력을 불어넣는다. 대학이 살아있음을 느끼게 하는 9월이다.

그런데 사실 이건 겉모습일 뿐이다. 속살을 헤치고 안으로 한 발자국만 들어가면 대학은 온통 상처투성이다. 학교는 학교대로, 교수는 교수대로, 학생은 학생대로 아프고 힘들고 고단하다. 대학은 많은데 진학할 고교생은 적고, 취업준비생은 넘치는데 청년 일자리는 부족한 데서 비롯되는 일종의 시대적 불행이다.

며칠 전 새 학기 첫 수업에 들어가니 지난 학기 때 군에 간다고 휴학했던 학생이 앉아 있다. 어찌된 일인지 들어보니, 그 학생은 이런 저런 입대시험에서 모두 떨어져 군에 갈 수 없었다고 한다. 낙방을 거듭하는 사이 한 학기가 훌쩍 지나버렸고, 앞으로도 언제 군에 갈 수 있을지 모르는 상태에 이르렀다. 차라리 복학한 뒤 군대 전략을 새로 짜기로 했다. 결국 이 학생은 하지 않아도 될 휴학을 하면서 한 학기를 고스란히 까먹은 셈이다.

사연을 듣다 보니, "요즘 군에 가기 힘들다."고 하던 다른 학생들 말이 떠오른다. '누구는 의경 시험에 8수를 했어도 떨어졌다더라', '누구는 11수를 해서 겨우 붙었다더라'는 식의 얘기를 학생들과 휴학 상담할 때 듣긴 했다. 하지만, 단편적인 정보여서 좀처럼 이해가 되지 않던 터였다. 답답한 생각에 병무청 홈페이지에 들어갔다가 깜짝 놀랐다. 군에 가는 경로가 대학입시만큼이나 복잡하고 다양했다. 세분화·전문화 되어 있기도 했다.

입대 위해 휴학했다가 군대 못 간 학생

전방에 배치되는 최전방 수호병이나 가까운 친구와 같이 입대하는 동반 입대병, 집에서 가까운 부대에 배치되는 연고지 복무병까지는 전부터 알고 있었다. 하지만 아버지나 할아버지, 형제자매가 복무한 부대에 배치한다는 직계가족복무 부대병, 외국어능력 보유자를 뽑는다는 어학병 제도는 처음 들어본다. 또 전문특기병이라고 별도로 묶어 있어 클릭해보니 헌병, 속기병, 의장병, 특공병 같은 다종다양한 병과가 뜬다. 하나하나 부문별로 선발 전형이 다르고 자격요건도 까다로워 맞춤형 인재가 아니라면 합격하기가 결코 쉽지 않아 보인다. 어떤 부문은 대학의 전공 성적이나 고교 때 출석점수를 따지기도 한다. 우리 병역제도가 징병제에서 모병제로 바뀌고 있는 것 같은 착각이 든다.

그런데 자유게시판에 가보니, 선진적인 병무행정이 환영받는 것은 아니었다. "군대 가고 싶어요, 제발 좀 보내주세요.", "병역 의무 이행하겠다는데 왜 안 받아줍니까. 정말 미치겠어요."라는 식의 민원 글이 줄줄이 올라와 있다. 입대 인력 수급 문제는 2년 전인 2015년 가장 심했다. 당시 7대 1이던 입대경쟁률이 올해 들어 3대 1 밑으로 떨어졌다고 한다. 과거에 비해 완화되었을 뿐 3명 중 2명은 지금도 입대경쟁에서 탈락한다는 뜻이니 문제는 여전한 셈이다.

대학생들을 고달프게 하는 것은 이뿐만이 아니다. 매 학기 초가 되면 한바탕 수강신청 전쟁이 벌어진다. 듣고 싶은 과목을 수강하기 위한 클릭 경쟁이다. 원하는 과목을 잡지 못하면 다른 과목이라도 일단 잡고 본다. 그런 다음 서로 바꿀 사람을 물색해 두 학생이 PC방에 같이 간다. 주는 쪽에서 수강철회 버튼을 누르는 순간, 받는 쪽에서 수강신청 버튼을 눌러 교환을 한다. 일부 학교에선 돈을 주고 사고팔기도 한다.

수강신청 경쟁에 알바 노동까지 시달려

상담하러 온 여학생은 맞교환하러 갔다가 주기만 하고 받지는 못했다며 울상을 지었다. "왜 비싼 등록금 내고 원하는 수업조차 들을 수 없는 거죠?"라고 따지듯 묻는 학생에게 "우리 학교만 그런 게 아니고 다른 학교도 마찬가지"라고 동문서답을 할 수밖에 없었다.

요즘 대학생들은 입학할 때 입시 경쟁, 졸업 때 취업 경쟁에도 모자라 재학 중에는 수강신청 경쟁에 입대 경쟁까지 치른다. 학기 중에는 장시간 알바 노동에 시달린다.

미국의 한 대학교수는 디지털에 매몰된 요즘 젊은이를 가리켜 '가장 멍청한 세대'라고 불렀다. 나는 한국의 대학생들을 '가장 고달픈 세대'라고 말하고 싶다. 그들 입에서 '헬조선'이란 말이 나오는 이런 현실이 기성세대로서 미안할 따름이다.

(내일신문 2017.09.15)

한국 서비스 산업의 주역, 대학생

대학 학기말 시험이 끝나고 방학이 막 시작되었을 때 한 남학생이 방으로 찾아왔다. 때가 때인 만큼 성적에 불만이 있어 온 건가? 속으로 생각하며 말문을 열기를 기다리고 있는데 학생의 표정이 무거워 보였다. 고개를 한껏 떨군 채 기어 들어가는 목소리로 털어놓는 학생의 사연은 잠시나마 시험 점수를 머릿속에 떠올렸던 나의 생각을 무색하게 만들었다.

"제가 편의점에서 야간 알바를 하는데 미성년자에게 술을 팔아서 벌을 받게 되었습니다. 그 미성년자가 술 마시고 싸움하다 경찰에 붙들렸는데, 저에게서 술을 샀다고 진술했거든요."

청소년에게 술을 팔면 편의점 주인이나 종업원을 불문하고 형사처벌 대상이다. 청소년보호법에 3년 이하의 징역 또는 2천만 원 이하의 벌금형에 처하도록 규정돼 있다. 경찰관이 와서 묻기에 술 판 사실을 순순히 시인한 학생이 겁에 질려 인터넷을 검색해 보니, 주인과 별도로 직접 판매한 사람에게도 100만원 전후의 벌금형이 나온단다.

학생이 아르바이트를 해 받는 돈은 최저임금인 시간당 6,030원. 100만 원이라면 알바 165시간에 해당하는 임금이다. 실제 이 학생은 다음 학기 등록금에 보태려고 토, 일요일 하루 8시간씩 일하며 차곡차곡 돈을 모아왔다. 그걸 한꺼번에 벌금으로 털어 넣어야 한다는 얘기다.

이뿐만이 아니다. 벌금형을 받으면 그 전과(前科)가 꼬리표처럼 달려 훗날 공직에 취업할 때 제약 요인으로 작용할 수도 있다. 미성년자로 보이는 손님에게 신분증 제시를 요구하는 편의점 근무수칙을 지키지 않은 것은 분명 잘못이지만, 그 대가는 생각보다 가혹하다.

학생을 지도하는 교수로서 안타까운 마음이 들지 않을 수 없다. "평소 성실한 학생이 순간의 잘못을 뉘우치고 있으니, 선처해 달라."는 내용의 탄원서를 써 수사당국에 제출했다. 어떻게 받아들여질지 알 수 없지만, 대학생 아르바이트에 대해 다시 한 번 생각해 보는 계기가 됐다.

미성년자에게 술 팔면 벌금 100만원

요즘 대학생들이 아르바이트를 많이 한다는 것은 공지의 사실이다. 하지만 산업현장에 알바 대학생이 얼마나 많이 들어와 있는지 그 실상이 제대로 알려진 것 같지는 않다.

내가 지도하는 학생 중 한 여학생은 지난 1학기 때 서울의 한 백화점 골프의류 매장에서 월 수 토 주 3일간 일했다. 학기 초 수강신청을 할 때 화목 금요일만 학교에 나오면 되도록 수업시간표를 짜 놓았기 때문에 알바와 공부를 병행할 수 있었다. 하루는 책가방 메고 학교로, 다음날은 단정하게 차려입고 백화점으로, 등교와 출근을 번갈아 하며 한 학기를 보냈다.

다른 한 여학생은 주 6일 카페에서 일했다. 평일에는 학교 수업 마치자마자 부리나케 카페로 가고, 주말에도 이틀 중 하루를 꼬박 서서 일했다고 한다. 어느 남학생은 대형 마트 지하주차장에서 주차 안내 알바를 한다. 차들이 어지럽게 오가는 한 가운데 서 있어야 해 힘들고 위험하지 않으냐고 물으니, 마트 특성상 식사가 좋고 법정 휴식시간도 보장되기 때문에 만족스럽다는 의외의 대답이 돌아온다.

이렇게 다양한 곳에서 다양한 알바를 하다 보니, 요즘 학생들은 너무너무 바쁘다. 수업 듣고, 알바하고, 취업에 대비해 스펙 쌓고, 그리고 남는 시간은 교수가 내 준 과제를 한다. 각자 할 일이 많아 같은 학과 학생들마저 한 자리에 모일 기회가 거의 없다. 학과에서 수업 외 특별한 시간을 가지려고 날짜를 공지하면 "알바 때문에 참석 못 한다."는 학생이 어김없이 나온다. 학생들의 '타임 푸어'는 연중 불변이다.

위의 남학생이 미성년자에게 술을 판매한 시간은 기말고사 기간 중 어느 날 밤이었다. 밤 10시부터 아침 6시까지 하도록 된 알바 근무는 시험 기간이라고 해서 예외가 없다. 이런 학생에게 주말을 이용한 학과행사는 먼 나라 사치일 뿐이다.

무엇보다 알바 복지에 신경 쓸 때

학생들에게서 알바 이야기를 듣다 보면 이들의 신분이 모호하다는 느낌이 들기도 한다. 학생이 노동을 겸하는 건지, 노동자가 학업을 겸하는 건지 혼란스러운 것이다.

어느 쪽이든 분명한 것은 대학생들의 저임금 노동이 없다면 우리나라 서비스 산업은 단 하루도 버티기 힘들 것이라는 사실이다. 1970년대 경제성장의 주역이 공장 노동자들이었다면, 이 시대 3차 산업의 주역은 대학생들이다.

최근 대학생 학자금 대출을 담당하는 한국장학재단의 안양옥 이사장이 "학생은 빚이 있어야 파이팅을 한다."고 말해 분노를 샀다. 전국의 알바생들이 연대해 동시 파업이라도 하면 어쩌려고 그런 막말을 할까. 이제 우리는 무엇보다 알바 복지에 신경 쓸 때다.

(내일신문 2016.07.12)

대통령의 '임청각 특종'

요즘 안동의 고택 임청각에 각계각층의 방문객들이 줄을 잇는다고 한다. 문재인 대통령이 8.15 광복절 경축사에서 "대한민국 노블레스 오블리주를 상징하는 공간"이라고 언급하면서 임청각이 전국적 명소가 된 것이다.

문 대통령의 연설이 있던 날, 임청각이란 단어는 포털에서 실시간 검색어 1위에 올랐다. 임청각을 소개하는 인터넷 웹사이트는 한동안 접속자가 폭주해 마비될 지경이었고, 이후 임청각 대문 앞 좁은 골목길은 전국 각지에서 온 차량들로 빼곡히 메워졌다. 기자들은 임청각과 임청각에 바짝 붙어 있는 기찻길을 카메라에 담느라 손놀림이 바빴고, 휴가 막바지 아이들과 함께 찾아온 시민들은 "우리나라에 이런 곳이 다 있었다니" 하며 감탄사를 연발했다. 앞서 대통령의 권유를 받은 국무총리는 휴가 기간 중 임청각을 찾았고, 신임 문화재청장은 현장으로 달려가 임청각의 원형 복원을 공언했다.

문 대통령은 임청각을 두고 "일제강점기 전 가산을 처분하고 만주로 망명해 신흥무관학교를 세우고 무장 독립운동의 토대를 만든 석주 이상룡 선생의 본가"이며 "아홉 분의 독립투사를 배출한 독립운동의 산실"이라고 표현했다. 또 "일제는 그 집을 관통하도록 철도를 놓았다."며 "아흔아홉 칸 대저택이었던 임청각은 지금도 반 토막이 난 모습 그대로"라고 말했다.

연설을 통해 새로이 밝혀진 것은 없다. 팩트 하나하나는 문헌으로 입증된 역사적 사실이다. 문 대통령이 숨겨진 진실을 발굴한 게 아니라는 뜻이다. 그래도 나는 대통령의 이번 연설을 언론 용어로 '특종'이라 부르고 싶다.

특종이란 중요 기사를 단독 보도할 때 쓰는 말이지만, 꼭 새로운 사실이어야만 하는 것은 아니다. 일부 관계자들에게 알려진 내용이라 해도 다수가 모르고 있다면, 시의 적절하게 중요 의제로 부각시켜 사회적 공감을 이끌어내는 보도가 오히려 의미 있는 특종이다. 임청각은 대통령 연설이 있기 전까지 우리 국민 대부분이 그 존재 자체를 모르고 있었고, 연설을 듣고 나서는 국민 모두 감동했다는 점에서 특종 반열에 오르기에 손색이 없다.

신흥무관학교 세운 이상룡 본가

문 대통령 연설에 이처럼 의미를 부여하는 까닭은 사사로운 개인사와 무관하지 않다. 대통령이 한국의 노블레스 오블리주라고 표현한 석주(石洲) 이상룡(李相龍) 선생은 나와 종씨(宗氏) 관계다. 고성 이씨 항렬로 보면 외람되게도 내가 할아버지뻘이다. 참판공파는 돌림자를 종(鍾)자 밑에 승(承)자, 그 밑에 상(相)자, 이어 형(衡)자를 쓴다. 그래서 석주의 아들 동구(東邱) 준형(濬衡) 선생은 고성 이씨 32세손으로 28세손인 내 입장에서 볼 때 증손자뻘이다.

맏이로 이어지는 장손 집안은 지손(支孫)에 비해 세대교체가 빨라 항렬이 낮다. 옛날 집성촌에서는 나이보다 항렬을 중시 여겨 어린아이라도 노인에게 말을 놓는 경우가 많았는데, 살아생전 선생과 마주치기라도 했다면 정말 난감할 뻔 했다.

준형 선생은 부친 서거 후 귀향했을 때 임청각에 들어갈 수 없자 안동의 외진 산골(와룡면 도곡동)에서 거처하며 부친의 유고를 정리하는 작업을 했다. 그리고 그 작업이 마무리되었을 때 "하루를 살면 하루의 부끄러움만 더할 뿐"이라는 유언을 남기고 장렬하게 자결을 했다. 그의 마지막 처소가 나의 본적지 주소와 정확히 일치한다는 걸 이번에 알게 됐다.

난데없이 족보까지 들먹이는 것은 집안 자랑을 하고 싶어서가 아니다. 오히려 그 반대다. 임청각 후손이라면서 그동안 비운의 역사에 별반 관심 두지 않고 살아왔다는 점을 부끄럽지만 고백하고 싶어서다.

유고 정리 마치고 장렬하게 자결

석주 선생의 무장투쟁사는 알고 있었지만 그의 아들과 손자의 선친 못 지않은 활약, 그리고 3대에 걸친 임청각 종부들의 신산한 삶과 숭고한 운동 뒷바라지에 대해서는 모르고 있었다.

일제가 패망하고 해방이 되었을 때 한국 정부는 독립운동가들에 건국훈장을 수여했다. 그런데 임시정부 국무령을 지낸 석주 선생은 1등급이 아니라 3등급을 받았다. 설립한 지 500년 된 보물 182호 임청각은 현재 법적으로 무허가 건물이다. 군자금 마련을 위해 매각했다가 다시 찾아오는 과정에서 주인이 실종돼 미등기 상태로 있기 때문이다. 우리가 관심 갖지 않는 동안 임청각 시렁 위에 비정상의 역사가 켜켜이 쌓여 있는 셈이다. 대통령의 특종 연설을 계기로 바로잡히기를 기대한다.

(내일신문 2017.08.30)

대궁의 정치학

전형적인 가부장 권위주의 집안에서 자란 나에게 평생 잊지 못할 음식이 대궁이다. 대궁이란 먹다 남은 음식을 가리키는 말이다. 사투리처럼 들리지만 국어사전에 나오는 순우리말이다. 웃어른이 먹고 남은 음식을 아랫사람이 받아서 먹는 식생활 풍속에서 유래된 말이다.

어렸을 때 우리 집 밥상은 세 부류였다. 아버지는 독상(獨床), 여섯 자녀는 둥근 밥상, 그리고 어머니는 부뚜막에서 식사를 했다. 세 밥상의 내용물은 물론 달랐다. 부뚜막과 둥근 밥상에는 없는 기름진 음식이 아버지 밥상에는 간혹 오르곤 했다. 신기한 것은 그때마다 아버지 식욕이 떨어진다는 것이었다. 상을 물리고 보면 어김없이 먹을 것이 남아 있었고, 그걸 우리는 아버지 대궁이라 불렀다.

대궁은 거의 막내인 내 차지였다. 형과 누나들 입에서도 분명 침 넘어가는 소리가 났을 테지만 철없는 아이 귀에는 들어오지 않았다. 어쩌다 아버지 밥상에 꽁치 한 점이라도 올라가는 걸 목격한 날이면, 밥숟갈 들었다 내려놓기를 최대한 느릿느릿 하며 대궁을 기다린 기억이 생생하다. 아버지는 사랑방에서 식사했기 때문에 안방과 부엌의 메뉴나 밥상 분위기를 알 길이 없어 보였지만, 막내의 대궁 기대를 저버린 적은 한 번도 없었다.

대궁의 비밀을 알게 된 것은 철이 든 뒤였다. 맛난 반찬일수록 대궁이 많았던 이유가 식구들 마음을 헤아린 아버지의 의도된 절식(節食)의 결과라는 사실을 당시엔 누구도 이야기해주지 않았기 때문이다. 먹을 것이 궁하던 시절 대궁은 가부장(家父長)의 체면과 권위, 그리고 자식 사랑의 뜻을 담은 징표이자 집안을 다스리는 무언(無言)의 제가술(齊家術)이었던 셈이다.

막내에게 맛난 밥상 물려주시던 아버지

까마득한 기억의 밑바닥에 있던 대궁 음식이 갑자기 생각난 것은 얼마 전 청와대 밥상 메뉴 논란을 보면서다. 박근혜 대통령이 새누리당 새 지도부를 초청해 가진 오찬에서 청와대는 송로버섯, 바닷가재, 캐비어 샐러드, 샥스핀 찜 같은 산해진미를 식탁에 올렸다. 그리고는 국민 대부분이 처음 들어보는 요리 이름을 일일이 공개했다. 특별한 손님을 특별히 대접했다는 것을 알리고 싶어서였다고 하지만, 돌아온 것은 치명적인 세간의 입방아다.

송로버섯은 프랑스 절대군주인 루이 14세가 즐기던 음식이고, '가장 비싸고 사치스러운 생선 알'인 캐비어는 송로버섯과 함께 유럽의 3대 진미로 꼽힌다고 한다. 이런 사실이 소셜네트워크서비스(SNS)를 타고 번지자 청와대를 향한 비난의 목소리가 봇물 터지듯 쏟아져 나왔다. "국민은 전기요금 걱정에 에어컨도 못 트는데 웬 호화 밥상이냐.", "조선시대 임금님도 가뭄과 혹서로 백성이 고생할 땐 밥상의 반찬 가짓수를 줄이도록 감선령(減膳令)을 내렸다.", "이번 호화 오찬은 대체 1인당 얼마짜리인지 밝혀라." 등등.

더 뼈아픈 것은 샥스핀 메뉴다. 상어 지느러미로 만드는 샥스핀은 청나라 황제가 즐겼다는 중국의 전통 음식이지만, 멸종위기동물 보호차원에서 지금은 더 이상 먹지 않는 추세다. 중국 정부에서도 공식 연회장 메뉴에서 제외했고, 미국의 여러 주(州)에서는 아예 법으로 금지하고 있다. 호화 운운하기에 앞서 국가 지도자의 식탁에 오르기에는 품격에 맞지 않는 음식인 것이다.

박 대통령은 기름진 것보다 담백한 것을 좋아하며, 식탐(食貪)이 없고 소식(小食)을 하는 것으로 알려져 있다. 그렇게 보면 이번 메뉴는 청와대 주인이 아니라 손님을 위한 것임을 어렵지 않게 짐작할 수 있다. 얼마 전까지 대통령의 '입'을 대신해주던 사람, 배신하고는 거리가 멀어 눈에 넣어도 아프지 않은 자식 같은 사람이 당 대표가 되어 금의환향했으니 상다리 휘어지게 차려주고 싶은 마음이 들만도 하다.

밥이 하늘이고 음식이 곧 정치이다

하지만 청와대 식탁은 옛날 가정으로 치면 온 식구가 주시하는 아버지 밥상과 같다. 국민소득 2만 달러를 훌쩍 넘어선 시대, 대궁 문화는 사라졌지만 국민 마음을 헤아리는 대궁의 정신만큼은 여전히 필요한 게 아닐까. 정치의 본질이 국민을 잘 먹고 잘 살게 하는 것이라고 한다면, 밥이 하늘이고, 음식이 곧 정치다. 김영삼 대통령의 칼국수나, 박정희·노무현 대통령의 막걸리, 이명박 대통령의 어묵도 따지고 보면 서민과 호흡을 같이 한다는 것을 보여주려는 정치적 메시지에 다름 아니다. 서민 코스프레라는 비판도 있지만 서민 정서를 무시하는 불통 행보보다는 훨씬 낫다. 대궁의 미덕, 대궁의 정치학이 아쉬운 요즘이다.

(내일신문 2016.08.25)

그들만의 사자성어

언제부터인가 연말연시가 되면 우리는 한자 공부를 강요받는다. 등고자비(登高自卑), 마부정제(馬不停蹄), 역풍장범(逆風張帆), 도남지익(圖南之翼). 설명이 없으면 뜻을 알기 어려운 낯선 한자들이 올해의 사자성어라는 이름으로 우리 앞에 나타난다.

예를 든 네 개의 네 글자는 대구시 중·서·달서·수성구가 공식 발표한 2014년 사자성어다. 서울 사는 사람들은 모르고 지나쳤겠지만 대구지역 신문에는 예외 없이 보도됐을 터이니, 이들 한자가 지금쯤 대구시민들 머릿속에 맴돌고 있을지 모르겠다.

대구의 구청들만이 아니다. 박근혜 정권 들어 중앙정치권의 분위기는 달라졌지만 많은 지방자치단체와 공공기관, 기업에서는 여전히 사자성어 발표를 연말연시의 통과의례처럼 여긴다. 염홍철 대전시장(유시유종·有始有終)과 최문순 강원지사(출곡천교·出谷遷喬), 이시종 충북지사(충화영호·忠和嶺湖)처럼 단체가 아니라 단체장이 발표하는 곳도 있다. 어느 쪽이든 이거다 싶은 문구를 찾아내기까지 손에 침 발라가며 책장 뒤적인 공무원의 노고가 숨어있을 것이다. 동주공제(同舟共濟·인천시), 호시마주(虎視馬走·충주시), 승풍파랑(乘風破浪·익산시), 성윤성공(成允成功·태백시) 같은 말을 책에 의존하지 않고 구사할 줄 아는 사람이 몇 명이나 될까. 그들은 신문에 한 줄 실리기 위한 목적으로 뭔가 그럴듯한 말을 물색

했겠지만, 네 글자를 받아보는 시민의 기분은 그다지 유쾌하지 않다. 새해의 사자성어라고 하는데 단체장 자신의 마음가짐을 나타내는 말인지, 공무원들에게 알리는 시정 방침인지, 아니면 시민들에게 보내는 메시지인지 모호하기도 하다.

관즉득중(寬則得衆). "사람에 너그러우면 인심을 얻는다."는 풀이와 함께 이명박 전 대통령이 내놓은 올해의 사자성어다. 현 정권이 너그럽지 못하다는 말을 에둘러 하려는 건지 모르겠으나 왠지 뜬금없고 어이없다는 느낌이다. 그가 현 정권 또는 국민을 향해 이런 말을 할 자격이 있기는 한 건가.

그러고 보니 연말연시 사자성어 발표는 이명박 정부 때 가장 성행했던 것 같다. MB는 당선자 시절부터 매년 올해의 화두라며 시화연풍(時和年豊)이니 일로영일(一勞永逸)이니 부위정경(扶危定傾)이니 일기가성(一氣呵成) 같은 한자어를 내놓았다. 그 바람이 정치권에도 번져 여야 대표는 물론 웬만한 중진급 정치인들까지 경쟁적으로 사자성어를 발표하곤 했다. 다난흥방(多難興邦·박희태), 청정무애(淸淨無碍·정몽준), 상창난기(上蒼難欺·정세균), 절전지훈(折箭之訓·정동영) 같은 말들이 횡행했다. 하지만 그 많은 사자성어 중에 지금 국민이 기억하는 것은 거의 없다.

박정희 전 대통령도 새해 첫날이면 신년 휘호를 발표했다. 18년 집권 기간에 한 번도 거른 적이 없다. 권력을 장악한 첫 해에는 혁명완수(革命完遂), 이후에는 '자립', '중단 없는 전진', '유비무환(有備無患)', '근검절약 국론통일' 같은 말들을 특유의 붓글씨로 써서 신년 화두로 제시했다. 정치적 목적성이 짙게 배어 있다고는 해도 단어 자체는 별도의 설명이 없어도 알 수 있는 쉬운 표현들이다. 좋든 싫든 국민들 뇌리에 오래 남아있다. 박정희 흉내를 낸 듯한 MB의 사자성어는 그 점에서 명백한 실패작이다.

근래 발표되는 사자성어 중 가장 권위 있는 것은 교수신문이 선정하는 한자어다. 이 신문이 2001년부터 한 해를 규정하는 사자성어로 오리무중(五里霧中), 이합집산(離合集散), 우왕좌왕(右往左往) 등을 선정해 발표하자 국민들은 촌철살인이라며 무릎을 쳤다. 그러자 교수신문은 2006년부터 연말용 외에 새해용 사자성어도 따로 선정했다. 처음엔 약팽소선(若烹小鮮), 민귀군경(民貴君輕), 제구포신(除舊布新) 같은 알 듯 말 듯한 문구를 내놓더니 올해엔 전미개오(轉迷開悟)라는 한자를 제시했다. '미망에서 돌아 나와 깨달음을 얻는다'는 뜻이라고 한다. 이 한자를 추천한 문성훈 서울여대 교수는 "선불교 용어를 그저 우연히 알게 된 문외한으로서 그 깊은 뜻을 헤아리기 어렵지만…"이라고 했다(교수신문). 대학 교수도 우연히 알게 된 글자가 '새해의 공부 한자'로 우리 앞에 제시된 셈이다.

공부를 하려고 교보문고에 가 보았다. 그런데 서가에 꽂혀 있는 두꺼운 사자성어 사전에도 이 단어는 나와 있지 않다. 글자 하나하나는 크게 낯설지 않아도 네 글자가 합쳐지면 사전에도 안 나오는 희귀어가 되는 것이다. 이런 희귀 사자성어를 왜 굳이 골라야 하나, 알기 쉽게 '대오각성(大悟覺醒)'이라고 하면 안 되는가, 하는 생각이 들지 않을 수 없다. 전미개오라는 네 글자가 올해 신문에 거의 보도되지 않은 까닭이 무엇인지 교수들은 곰곰이 생각해볼 필요가 있다.

신년 벽두 마음의 양식이 되는 경구(警句)를 주고받는 것은 누구에게나 즐거운 일이다. 하지만 아무리 좋은 뜻이라도 언중(言衆)과 지나치게 동떨어진 현학적 수사(修辭)는 소모적인 말장난에 그칠 뿐이다. 사자성어든 신년휘호든 울림이 있으려면 상대에 대한 배려가 우선이다.

(경향신문 2014.01.07)

5년 주기로 찾아오는
KT의 CEO 리스크

KT는 5년에 한번씩 'CEO 리스크'를 겪는다. 새 정권이 들어서면 어김 없이 CEO 자리가 흔들리고, 그게 기업 경쟁력에 마이너스로 작용한다. 기업 가치를 한껏 높여줘야 할 최고경영자가 되레 가치를 깎아내리는 위 험요인이 된다는 점에서 불행이다.

CEO 리스크는 회장 거취에 대한 안팎의 관심에서 출발한다. 5년 전, 10년 전 상황을 떠올리며 그때와 이번은 어떻게 같고 다른지, 그래서 어떻 게 될지 저마다 예상해보는 것이다.

"이번에는 무사할까?", "언제까지 버틸 수 있을까?" 아니면 "지금이 물 러날 타이밍 아닌가.", "아무개가 차기 회장으로 유력하다더라." 등등. 그 야말로 소문과 관측이 무성해진다.

이런 상황에서 웬만한 CEO는 온전히 리더십을 유지할 수 없다. 본인이 야 의연한 모습을 보인다고 해외 전시회에도 참석하고, 미래 사업구상도 밝혀 보지만, 회사 임직원들은 내일 모레 어떻게 될지 모르는 회장의 말을 무게감 있게 받아들이려 하지 않는다.

임직원들은 머릿속으로 여러 가지 가상 시나리오를 떠올려본다. 조만간 닥칠 것 같은 회오리바람의 풍향과 풍속을 나름대로 그려보는 것이다. 지 금 회장에 충성하는 것이 그래도 유리한가, 그랬다가 혹시 나중에 화를 입

지나 않을까, 계산이 복잡하다. 회사에서 무심코 내뱉는 한마디 한마디가 조심스럽고, 행동 하나 하나가 상부에 보고될까 신경이 쓰인다. CEO 리스크가 발생하면 조직은 조직대로, 경영은 경영대로 정상 운영이 불가능해진다.

검찰 수사 받고 옷 벗었다는 공통점

이 리스크는 회장이 알아서 제 발로 물러나든, 사법당국의 수사 칼끝에 밀려 마지못해 나가든, 거취 문제가 매듭지어져야 해소된다. 5년 전 이석채 회장, 10년 전 남중수 사장 때 그랬다. 두 사람 모두 정권이 바뀌기 전 연임에 성공했으나, 새 정권 들어서면서 검찰 수사를 받고 옷을 벗었다는 공통점이 있다. 한 사람은 유죄가 확정되어 옥살이를 했고, 다른 한 사람은 유무죄를 번갈아 선고받으며 천당과 지옥을 오가다가 최종적으로 무죄 판결을 받긴 했다. 하지만 이미 심신은 지칠 대로 지치고, 막대한 변호사비용은 나갈 만큼 나간 뒤였으니 상처뿐인 영광이다. 회사는 회사대로 이들이 불명예 사퇴하기까지 1년여 동안 유무형의 리스크를 감당해야 했다.

이번 황창규 회장은 어떻게 될까. 지금까지 경로는 앞의 두 사람의 그것과 거의 비슷해 보인다. 새 정부 출범 직전 연임에 성공했지만 얼마 못 가 바람 앞의 등불 신세가 된 것이나, 바람막이 효과를 기대하며 새 정부와 가까운 외부 인사를 회사에 영입해보지만 별무소용인 것이나 똑같다.

다른 게 있다면 구체적인 혐의사실이다. 황 회장은 아랫사람들이 회사돈으로 정치인에게 불법 후원을 할 때 관련 사실을 인지하고 있었는지 여부가 관건이다. 경찰은 아랫사람들이 CEO에 보고했기 때문에 알고 있었다고 보고 있고, 황 회장은 보고받은 적이 없어 몰랐다고 주장한다. 진실이 어느 쪽이든 CEO가 아랫사람과 진실 공방을 벌이며 책임을 회피하는 모습은 회사 임직원들에게 실망을 안겨준다. 황 회장 본인은 소신과 신념에 따라 행동하겠지만 그의 유무죄가 확정될 때까지 회사는 극심한 CEO 리스크에 시달리게 된다.

언론에서 이런 과정을 'KT 회장 잔혹사' 또는 '수난사'라고 하는데, 이는 온당한 표현이 아니다. 정권이 무고한 사람을 잔혹하게 괴롭힌다는 시각은 문제의 본질과 거리가 멀다.

지배구조 취약성에서 비롯

KT의 CEO 리스크는 지배구조의 취약성에서 비롯된다. KT는 공기업에서 민간 기업으로 바뀌었지만 자기 자본을 출자해 경영권을 확보한 대주주가 없다. 외국인과 국민연금의 지분을 빼면 나머지는 소액 주주들이다. '주인 없는 민영기업'이 KT다.

이런 기업에서 주인 역할을 해야 할 기구는 이사회다. 주주들을 대신해 CEO를 선출하고, 선출된 CEO를 견제·감시하고, 정치권의 부당한 외압으로부터 보호하는 역할까지 해줘야 한다.

문제는 KT 이사회가 CEO와 사실상 한통속이라는 점이다. 이사회 이사진을 사실상 현직 CEO가 임명하고, 임명된 이사들이 차기 CEO를 추천한다. 황 회장의 셀프 연임이 이렇게 이뤄졌다. 이런 이사회에서는 어떤 안건이 올라와도 반대표가 나올 수 없다.

KT에서 5년 주기의 CEO 리스크를 근절하려면 지배구조를 고쳐야 한다. CEO는 CEO의 역할에 충실하고, 주인이 주인 권한을 제대로 행사할 수 있도록 이사회 구조를 바로 세워야 한다.

(내일신문 2018.07.06)

"단 한주의 지분도 없는 정부"

"KT가 SK에 넘어갔다." 이렇게 말하면 고개를 갸우뚱거리는 사람이 많겠지만, 한때 KT는 SK그룹에 실제 넘어간 적이 있다. KT가 공기업에서 민영기업으로 바뀐 초기, 그러니까 2002년 5월부터 이듬해 1월까지 8개월간 KT의 1대 주주는 SK텔레콤이었다.

SK의 인수는 정부에서 매각하는 KT 지분을 싹쓸이 매입하면서 이뤄졌다. 마지막 주식 청약에서 SK텔레콤은 거금 2조원을 써내 KT 지분 11.34%를 확보하는 데 성공했다. SK텔레콤이 반칙을 쓴 것은 아니다. 막판까지 연막을 피우다 마감 5분 전 풀 베팅을 한 결과였다. 여러 대기업이 KT 지분을 골고루 나눠 갖는 그림을 머릿속에 그리고 있던 정부는 큰 충격에 빠졌고, SK텔레콤에 주식을 도로 내놓으라고 종용했다. 양승택 정보통신부 장관은 지분매각이 이뤄진 그 날 오후 장관실을 찾은 기자에게 성난 얼굴로 "SK텔레콤의 행위는 정부에 대한 도전"이라고 말해 이를 특종 보도했던 기억이 난다. 정부의 계속되는 압박에 SK텔레콤은 두 손 들었고, 결국 KT가 보유한 자사 주식과 맞교환하는 방식으로 처분했다. KT를 품에 안으려던 SK의 꿈은 물 건너가고 KT는 주인 없는 민간 기업이 됐다.

만약 그때 정부가 나서지 않았다면, 그래서 KT를 SK가 소유하도록 내버려 두었다면 어떻게 됐을까? 어느 한 기업이 시장을 다 먹어치우는 구조는 소비자에게 좋을 게 없다. 하지만 정권 바뀔 때마다 KT 사옥에 수사관들이 들이닥쳐 회계장부를 가져가고 고위 임원들이 줄줄이 불려가 비자금 조사를 받는 일은 없었을 것 같다.

5년마다 되풀이되는 KT의 비극은 주인 없는 민영화 기업의 폐해를 적나라하게 보여준다. 낙하산 최고경영자(CEO)는 이사회를 자기 사람으로 채우고, 이 이사회에서 후임 CEO를 추천하는 구조를 만들어 자신이 다시 경영자가 된다. 어느 날 새로 들어선 정권이 자리를 비켜달라는 신호를 암암리에 보내지만 "임기 중"임을 내세워 거부한다. KT를 좋은 먹잇감으로 여기는 집권 세력에게 이는 참을 수 없는 상황일 것이다. 재계 순위 11위에 계열사만 50개가 넘는 대기업이라면 자리가 좀 많을 것인가. 배고픈 늑대처럼 기회만 엿보는 공신들은 이제나 저제나 애타게 기다려왔다. 스스로 물러나지 않으면 머리끄덩이를 잡아채서라도 자리에서 내려오게 만드는 게 권력의 속성이다.

이석채 회장의 임기 중 사퇴에 대한 여론은 진보와 보수를 막론하고 거의 한결같다. 이 회장 개인으로는 물러나는 게 마땅하나, 안 나간다고 해서 정부가 목에 칼을 들이대는 모양새는 볼썽사납다는 것이다.

이 회장 거취와 관련한 언론 보도에서 빠짐없이 등장하는 말이 "KT 지분이라고는 단 한 주도 갖고 있지 않은 정부가…"라는 표현이다. 민간기업 인사에 아무런 권한도 없는 정부가 왜 개입하느냐는 뜻이다. 하지만 곰곰이 생각해보자. 정부 개입은 무조건 악(惡)이고 불개입은 선(善)인가. 주인 없는 민영기업에서 가장 중요한 의사결정기구는 사외이사가 절대 다수를 차지하는 이사회다. 그런데 KT 이사회는 이석채 회장의 학교 동문 아니면 이명박 정부의 낙하산 인사로 구성돼 있다. 자신을 뽑아준 사람이 강퇴(강제퇴진)당한 상황에서 사외이사들이 누구를 위해 무슨 결정을 어떻게 내릴지 믿음이 안 간다.

보통의 민간 기업이라면 이사회 또는 경영자가 회사를 말아먹든 말든 정부가 상관할 일은 아니다. 하지만 KT는 보통의 민간 기업이 아니다. KT의 통신망과 장비는 국가기간시설이며 국민의 자산이다. 정부 지분이 없다고 공공의 성격마저 사라지는 것은 아니다.

그럼 어떻게 해야 할까. 위선의 가면을 벗었으면 좋겠다. 정부가 밀실에서 누군가를 낙점해 은밀한 경로를 통해 전달하고, 이사회는 적당히 논의하는 모양새를 취한 뒤 바로 그 분을 추천하는, 눈 가리고 아옹 하는 식의 행태는 그만두자는 말이다.

사실 이번 KT 후임 회장 선출도 결국은 그런 식으로 진행될 것이라고 다들 예상하는 것 아닌가. KT 직원들조차 말로는 "낙하산 안 된다."고 하지만 속으로는 "부디 좋은 사람을 보내줬으면" 하고 생각한다. 이미 청와대가 정보기술(IT) 전문가급 아무개 아무개에 대해 검증동의서를 받아 인사검증을 마쳤다는 이야기도 들린다.

"단 한 주의 지분도 없는 정부"라는 말이 안 나오게 하려면 정부가 차라리 공개적으로 나서는 게 방법이다. 현재 KT나 포스코의 1대 주주는 국민연금이다. 국민연금은 국민의 자산이다. 국민의 자산이 투입되는 기업인 만큼 경영을 감시하고 견제해야 할 이유가 있다. 국민연금의 주주권을 이용해 필요한 기업에 사외이사를 파견하면 낙하산 경영자의 전횡을 막을 수 있다. 물론 그에 따른 부작용도 있겠지만 투명성과 책임성을 높일 수 있다는 장점이 있다. 주인 없는 기업의 문제를 총체적으로 보여준 KT에서 제일 먼저 시행해봄직하다.

(경향신문 2013.11.12)

박정희 우표 흑역사

우정사업본부가 박정희 탄생 100주년 기념우표를 발행하기로 했을 때 지금과 같은 역풍은 꿈에도 생각지 못했을 것이다. 문제의 우표발행을 결정한 것은 지난해 5월, 당시엔 박근혜 대통령이 임기를 채우지 못할 것이라고는 상상할 수 없었기 때문이다. 만약 박근혜 정부가 지금껏 이어지고 있다면, 올 9월 '박정희 우표'는 예정대로 발행될 것이다. 그리고 이는 아버지 기리는 일이라면 물불 가리지 않는 '아버지 바보' 대통령에게 우정 당국이 할 수 있는 최상의 진상(進上) 선물이 되었을 터다.

'박정희 우표' 발행이 취소되자 1인 피켓 시위에 나선 남유진 구미시장은 "전직 대통령 기념우표 하나 못 만드는 게 자유민주국가인가."라고 비판했다. 박정희라는 인물에 대한 공과 논란이 있다고 해서 우표 하나까지 못 만들게 하느냐는 뉘앙스다. 얼핏 들으면 그럴듯해 보이지만 우표의 역사적 의미를 모르고 하는 말이다.

우표는 그 나라 그 시대의 정치 사회 문화상을 담은 상징물이다. 편지 보낼 때 봉투에 붙이는 실용적 도구로서의 의미는 요즘 거의 사라졌지만, 역사적 상징물로서의 의미는 여전하다. 유명한 우표수집가인 미국의 프랭클린 루즈벨트 대통령은 "학교에서 배운 것보다 우표에서 얻은 지식이 더 많다."고 했을 정도다. 태생적으로 우표는 당대의 정치 상황을 반영할 수밖에 없는 것이다.

10여 년 전 미국에서 조지 부시 대통령이 재임하던 때 인터넷에 떠돌던 우스개 이야기가 생각난다. 스토리는 이렇다. 국민들의 인기가 바닥이던 부시 대통령이 우정 당국에 특별 지시를 내려 자기 얼굴이 새겨진 우표를 발행했다. 우표가 나오자 부시는 슬그머니 우체국을 찾아 새 우표에 대한 시민 반응을 물어봤다. 뜻밖에도 창구 직원은 "우표가 잘 붙지 않는다고 고객들 불만이 크다."고 말했다. 이에 부시는 중앙정보국(CIA)에 조사를 지시했고, CIA는 이렇게 보고했다. "각하, 우표 품질은 국제 수준입니다. 문제는 사람들이 우표 뒷면에 칠해야 할 침을 앞면에 뱉는다는 점입니다."

정치 사회 문화상을 담은 상징물

　　유머와 달리 미국은 현직 대통령은 물론 퇴임 후라 해도 살아있는 사람에 대해서는 우표를 발행하지 않는다. 대통령은 사후 1년, 그 외 인물은 사후 5년이 돼야 우표에 등장할 수 있다. 이에 비해 우리의 우표 역사는 부끄럽기 그지없다. 생존 인물을 소재로 삼지 않는다는 원칙은 미국과 같지만 정치권력에 대한 접근법은 전혀 다르다. 이번 박정희 100년 우표 취소를 계기로 새삼 알려졌지만 역대 대통령 우표만 보아도 전두환 우표가 46회, 박정희 우표 17회, 이승만 우표가 6회나 된다. 최규하 대통령부터는 취임 때 한 번만 낸다는 원칙이 세워졌지만 그 전까지 우표는 정치권력의 전유물이나 다름없었다.

　　우정 당국은 새 우표를 낼 때 발행개요와 배경을 설명하는 안내카드를 함께 낸다. 이 카드를 보면 우표의 흑역사가 더 분명하게 드러난다. 예컨대 1955년 3월 이승만 대통령의 생일을 맞아 낸 우표 안내카드에는 "대통령 각하의 80회 탄신을 영원히 기념하기 위해"라고 돼 있고, 이듬해 81회 생일 우표 때는 "만수무강하심을 축원하기 위하여"라고 적혀 있다. 현직 대통령의 생일 축하 우표를 낸 것도 모자라 낮 뜨거운 용비어천가를 부른 것이다.

박정희 정권에선 아첨의 강도가 더 높다. 1966년 5월 대통령의 동남아 순방 기념우표의 안내카드에 이런 문구가 나온다. "이번 순방에서 각하께서는 가시는 나라마다 최대의 환영을 받으셨으며… 이역만리 어려운 여정을 담당하신 대통령 각하의 힘쓰심에 온 국민이 다 함께 감사드리며 역사적으로 큰 의의를 가진 순방을 오래도록 기념하기 위해…."

"정치적 논쟁 소지 있는 소재 발행 안 해"

'박정희 기념우표'는 이미 차고 넘친다. 17회라는 숫자보다 고비 고비마다 빠짐없이 '우표 진상'이 이뤄졌다는 점을 기억할 필요가 있다. 그가 5.16 쿠데타로 권력을 잡았을 때 초스피드로 밀어붙여 한 달 만인 6월 16일 기념우표가 나왔고, 그 후 네 번 대통령 자리에 오를 때마다, 궁정동 안가에서 비극적으로 삶을 마감한 뒤에는 사후(死後) 100일 되는 날 추모우표가 발행됐다. 이런 흑역사에 또 무엇을 추가한단 말인가.

우정사업본부가 자체적으로 세워놓은 우표발행 규칙에 보면 "정치적·종교적·학술적 논쟁의 소지가 있는 소재는 발행하지 않는다."고 돼 있다. 박정희 100년 우표는 발행을 결정했을 때에나, 취소한 지금에나 정치적 논란이 끊이지 않는 소재다. 원칙을 지키면 우표발행의 정치적 중립을 실현할 수 있다.

(내일신문 2017.07.27)

장손의 '추석 증후군'

추석 연휴 뒤끝이면 '내 팔자는 왜 이런가' 하는 생각에 공연히 우울해지는 사람들이 있다. 돈 없고 식구 많은 집안의 며느리들만은 아니다. 주부들의 명절증후군은 이제 웬만한 시부모도 헤아릴 정도로 이 시대 공유의 언어가 됐다. 그런데 장손이 앓는 추석증후군은 부각돼 있지 않다. 차례 지내고 난 뒤엔, 먹고 TV 보고 고스톱이나 치면 되는 보통 가정의 얘기가 아니어서 그런지 모르겠다.

장손의 추석증후군은 과다한 묘제(墓祭)에서 비롯된다. 이 산, 저 산 흩어져 있는 조상의 묘들을 찾아 벌초하고 제사를 올리는 데서 오는 스트레스가 이만저만이 아니기 때문이다.

경북 안동의 고성 이씨 참판공파 30세손인 이상봉 씨는 이번 추석 때 묘제를 18번 지냈다. 18위분의 제사 음식을 어깨에 둘러메고 산 넘고 물 건너 산소를 찾아다니다 보면 추석은 그에게 더할 수 없는 고난의 날이다. 이미 2주 전부터 그는 벌초하느라 기진맥진한 상태다. 과거엔 문중 땅 경작하는 사람이 벌초를 해줬지만, 요즘엔 그런 사람이 없으니 벌초도 해야 한다. 그렇게 조상 봉사(奉祀)의 의무를 간신히 마치고 산을 내려오면서 생각하니 언제까지 계속할 수 있을지 자신이 없다. 하나밖에 없는 아들에게 이 짐을 물려줘야 한다고 생각하면 눈앞이 캄캄해진다.

힘겨운 벌초·제사 스트레스

기막힌 것은 이 묘제의 대상에 제한이 없다는 점이다. 조상의 망일(亡日)을 기려 집에서 지내는 기제사는 2대, 종손인 경우 4대까지 모시는 게 통례로 돼 있지만, 산소에서 지내는 묘제는 몇 대까지 한다는 범위가 없다. 어릴 때 어른들 손에 이끌려 다니면서 보고 익혀둔 조상의 묘란 묘는 모조리 모셔야 한다. 그러니 아랫대로 내려갈수록 모셔야 할 산소는 눈덩이처럼 불어난다. 나중에는 천하장사도 감당할 수 없다. 이씨의 사례가 유난히 심하긴 해도 이 땅의 많은 종손들은 비슷한 고충을 안고 있을 것이다.

후손이 선택할 수 있는 것은 어느 시점에선가 조상의 묘와 인연을 끊는 것이다. 그 순간 묘는 풀이 무성한 묵뫼로 변한다. 법적 용어로 무연고 분묘라 불리는 이런 묘는 전국의 산과 들에 널려 있다. 전체 분묘의 40%라는 게 보건복지부의 추정이다. 길가의 무연고 분묘를 보면서 '조상도 모르는 배은망덕한 후손들'이라고 비난하는 사람이 간혹 있는데 그래서는 안 된다. 처음부터 연고 없는 묘지는 없으나 종국에는 모든 묘지가 무연고로 방치될 수밖에 없는, 눈 가리고 아웅하는 장묘문화가 우리의 현실인 것이다.

2001년 만들어진 장사 등에 관한 법률(장사법)은 분묘에 시한제 개념을 도입해 이 문제를 해결하려고 했다. 묘 설치기간을 15년으로 정하고 최대 3번까지만 연장할 수 있도록 했다. 그러니까 이 법 시행 후 생겨난 모든 묘는 15년, 아무리 늦어도 60년이 지나면 무조건 파헤쳐 유골을 화장·납골하도록 된 것이다. 어기면 1년 이하의 징역이나 5백만 원 이하의 벌금에 처한다는 처벌규정도 있다. 정말 획기적인 법이다. 향후 10년 뒤에는 매년 매장건수만큼의 개장(開葬) 및 화장이 취해져 묵뫼 발생을 원천 봉쇄한다는 얘기 아닌가. 장사법은 또 매장을 한 뒤에는 묘지의 약도와 사진을 첨부해 당국에 신고하도록 의무화하고, 위반 때는 과태료 3백만 원을 물리도록 했다. 지자체는 묘지정보를 담은 묘적부를 작성·관리하도록 했다.

획기적 '장사법' 왜 적용 않나

법 규정으로만 보면 완벽하다. 하지만 현실은 완전 딴판이다. 매장 신고율은 30%에도 못 미치고 묘적부는 찾을 길이 없다. 그래도 과태료를 물리는 일은 없다. 묘지 시한제는 매장 신고가 없으면 그 자체로 무용지물이다. 시행 5년 만에 장사법은 사문화돼 버린 셈이다.

눈 가리고 아웅하는 식의 관습과 사문화된 법 사이에서 이씨의 추석증후군은 깊어만 간다. "내년 추석 땐 조부 이상 선대 묘를 묵뫼 처리해야지" 하고 마음 먹었다가도, 일가친척 어른들의 시퍼런 눈을 떠올리곤 금세 거둬들인다. 그리곤 TV 뉴스에 나오는 부녀회, 새마을회 봉사단에 엉뚱한 원망을 쏟아낸다. "무연고 분묘에 벌초하는 게 대단한 봉사인 줄 아는 모양인데 제발 참아주세요. 우리는 묵뫼 시켜야 한다니까요."

(경향신문 2006.10.10)

겸손을 배우는 12월

한해의 끝 12월에 접어들자 때마침 폭설이 내리고 한파가 몰아친다. 성큼 겨울이 왔다는 계절의 신호다. 연말이 다가왔음을 알리는 자연의 소리다.

연말이 되면 사람들의 마음씨가 전에 없이 고와진다. 평소엔 나보다 잘된 사람, 잘나가는 사람만 쳐다보다가도 이때가 되면 나보다 어려운 사람, 외로운 사람을 먼저 떠올리게 된다. 누구로부터 인사받기보다 누군가에게 감사의 인사를 전하고 싶어진다. 베풂과 나눔의 마음이 넘쳐난다. 푸근하고 넉넉하고 따뜻한 게 연말의 인지상정(人之常情)인 것이다.

모두가 고운 마음을 가졌을 때 놓치지 않고 하면 좋은 게 반성이다. 한해를 돌아보며 잘못을 고백하고 뉘우치는 시간을 갖는 것은 스스로를 다잡으면서 상대에게도 신뢰를 주는 계기가 된다. 올 초 집값이 떨어질 것으로 예측했다가 망신당한 국책연구소와, 4개월 뒤 부도날 회사를 매수 추천했다가 욕을 바가지로 먹은 증권사 애널리스트들도 그렇게 해서 내년을 기약할 수 있다.

책임 있는 정치인이라면 국민 앞에서 공개적으로 반성의 시간을 가져보자. 연말에는 국민들의 마음씨가 고와져 터놓고 얘기하면 웬만한 잘못도 용서받을 수 있다. 반성이란 키워드로 국민과 정치적 교감을 할 수 있는 것이다.

감사의 마음 전하고 싶은 연말

노무현 대통령이 국정 최고책임자로서 수범을 보이면 어떨까. 국민을 피곤하게 한 숱한 말실수, 반대 여론에도 아랑곳없이 낙하산 회전문 인사를 밀어붙인 오기, 나만 옳고 남은 늘 그르다는 독선 따위를 몽땅 꺼내 반성의 도마에 올려놓고 국민 앞에 참회하는 것이다. 그런 다음 "앞으로는 다른 어떤 것에도 굴복하지 않고 오직 국민의 요구에만 굴복하는 대통령이 되겠다."고 선언하면, 다시금 박수 받지 않을까. 아무리 못해도 지지율을 두 자릿수로 끌어올리는 데는 성공할 수 있을 것 같다.

김근태 당의장을 비롯한 열린우리당 지도부도 반성의 무대에 오르는 게 좋겠다. 언제는 호남지역주의의 원조라고 비난하며 민주당에서 뛰쳐나오더니, 이제 다시 그 민주당과 합치겠다며 '평화민주개혁세력의 결집'이라고 하면 국민을 우롱하는 게 아니고 무엇인가. 선혈 낭자하게 싸워야 한다던 '빽바지'와 '난닝구'가 반성문 한 장 쓰지 않고 슬그머니 다시 손을 잡을 수는 없다. 지난 3년의 정치실험이 실패로 끝났다면, 실패의 원인을 찾아 국민 앞에 고백하고 용서를 구하는 게 순서 아닌가.

열린우리당이란 당명(黨名)만 해도 그렇다. 국민의 거부감을 무릅쓰고 당의 약칭을 '우리당'(Uri party)이라 고집할 때부터 열린우리당의 실패는 예고됐다고 할 수 있다. 이름은 본인이 불러 달라는 대로 불러주는 게 원칙이지만, 당원이 아닌 사람이 '남의 당'을 '우리 당'이라 부를 수는 없는 노릇이다. 열린우리당이 그렇게 듣기 싫어해도 국민들은 지금도 '열우당', '열린당', '열당'으로 부른다. 이름 때문에라도 국민과 가까워지려야 가까워질 수 없는 당이 된 것이다. 신문에서도 글자 수에 제한을 받는 제목에서만 '우리당'이라 쓸 뿐, 본문에서는 거의 열린우리당이라 쓴다. 오만한 작명 때문에 '닫힌 당' '남의 당'이 돼 버린 셈이다.

'내 탓' 외치며 반성의 시간을

반성의 대열에 동참해야 할 여권의 지도급 인사는 이외에도 줄줄이 있다. 대통령을 지칭해 '하도 같잖아서'라고 표현하고 현 정권을 '이놈의 정권'이라고 한 이용희 국회부의장도 그중 하나다. 그렇게 저급한 언사를 국회 법사위 회의석상에서 늘어놓고도 반성의 몸짓 없이 연말을 보낸다면 뻔뻔스러운 사람이 된다. 이밖에 국회에서 답변할 때마다 고개 빳빳이 세우고 성난 표정 짓는 이병완 청와대 비서실장과 비서관들, 김창호 국정홍보처장도 거울에 얼굴 비춰보며 겸손을 배우는 연말이 되었으면 한다.

잘못했다고 생각될 때 돌아서서 가슴을 치기는 쉽다. 그러나 뼈아프게 인정하고 공개적으로 반성하는 것은 용기 있는 사람만이 할 수 있다. 이번 연말 '내 탓이오'를 외치는 반성 퍼레이드가 보통사람에서부터 국정책임자에 이르기까지 두루 펼쳐지기를 기대해본다. '내 탓'만 외쳐도 나라에 평화가 온다.

(경향신문 2006.12.05)

2

한 편의 고등어 소극(笑劇)

교육과 사회

교육부의 행동편향

축구 경기에서 페널티 킥의 방향을 관찰해보면, 대략 3분의 1은 골대 왼쪽, 3분의 1은 골대 오른쪽, 나머지 3분의 1은 골대 중앙으로 날아온다고 한다. 이스라엘의 한 학자가 세계 톱 리그에서 있었던 286개 페널티 킥을 분석한 결과다. 이 상황에서 골키퍼는 중앙을 지키는 게 합리적 선택이다.

하지만 현실에서 골키퍼는 늘 오른쪽 아니면 왼쪽으로 몸을 날린다. 중앙을 지키는 경우는 거의 없다. 이유는 간단하다. 어느 한 쪽으로 몸을 날렸는데 공이 다른 쪽으로 날아와 골을 먹는 것은 괜찮다. 하지만 중앙을 지키다가 좌우로 공이 들어와 골을 먹으면 최선을 다하지 않았다는 비난을 받을까 우려된다. 가만히 있기보다 뭐라도 해야 한다는 압박감에서 행동에 나서는 경향, 이걸 심리학에서 '행동 편향'이라고 한다.

행동 편향은 스포츠에만 있지 않다. 일상에서, 기업 경영이나 정부 정책에서도 어렵지 않게 찾아볼 수 있다. 해방 이후 굵직한 제도만 18번 바뀌었다는 대학입시도 그 중 하나다.

우리나라에서 대입제도는 온 국민이 전문가다. 토론의 장이 열렸다 하면 모두 한마디씩 거든다. 이게 문제다, 저게 문제다, 이래서는 안 된다, 저래서는 안 된다.

들어보면 다 맞는 말이다. 현행 제도가 너무 복잡한 것도 사실이고, 금수저에 유리한 전형이 많은 것도 사실이다. 수능 한 두 문제 더 맞고 틀리는 데 따라 아이들 인생이 달라지는 게 사회 정의가 아닌 것도 맞다. 학생들의 수험 부담, 학부모들 사교육비 부담은 여전한데, 고교 교육의 정상화는 요원해 보인다. 문제를 꼽자면 한도 끝도 없다.

내신과 수능, 수시와 정시 사이 오락가락

어떤 제도라도 현장에 뿌리를 내리려면 숙성 시간이 필요하다. 도입 초기에는 기존 관행과 부딪히면서 잡음이 날 수도 있다. 그런데 우리 사회는 이 기간을 참지 못한다. 새로 도입된 대입제도가 학교 현장에서 조금이라도 부작용을 보이면 난리가 난다. 문제의 심각성이 언론에 기획 연재되고, 전문가연(然)하는 사람들의 어설픈 해법들이 백가쟁명식으로 쏟아진다.

새로 출범하는 정부는 늘 교육 개혁의 기치를 높이 든다. 언론에 지적된 숱한 문제들을 공약집에 목록으로 적어두고 두더지 게임하듯 두들겨 잡기에 나선다. 획일성이 문제라면 다양성 카드를, 복잡성이 문제라면 단순화 카드를 꺼내든다. 내신의 공정성 문제가 불거지면 수능 확대를, 수능의 줄세우기 문제가 부각되면 학생부 강화를 들고 나온다. 내신과 수능, 수시와 정시 사이를 오락가락 한다. 한 번은 왼쪽으로, 다음번엔 오른쪽으로 속절없이 몸을 날리는 골키퍼와 별반 다를 바 없다.

노무현 정부가 야심차게 도입한 수능 9등급제는 그래서 이명박 정부 들어 즉각 폐기되고, 이명박 정부가 대안으로 내놓은 수능 AB 선택제는 박근혜 정부 들어 또한 폐기된다. 문재인 정부는 박근혜 정부에서 시작한 수능 영어 절대평가제를 유지하면서 수시 비중을 줄이고 정시 비중을 조금 높이겠다고 했다. 두더지 잡기식 행동 편향이 아니면 이해가 안 되는 정책 뒤집기다.

교육부가 새 대입제도를 결정하기에 앞서 국가교육회의와 대입개편특별위원회, 다시 공론화위원회에 자문을 의뢰한 데 대해 여론은 비난 일색이다. "정책을 하청에 재하청까지 주나?", "그래서 얻은 결론이 현행 방식과 크게 다를 게 없으니 1년간 허송세월한 것 아닌가", "입시정책 하나 결정 못하는 교육부라면 존재의 이유가 없다." 등등.

룰 복잡해질수록 이득 보는 것은 기득권층

하지만 새 대입 제도안이 '돌고 돌아 사실상 제자리'라 해도 공론화는 그 자체로 큰 의미가 있다. 대학입시는 거대한 모순덩어리여서 모두를 만족시키는 만능 해법이란 존재하지 않는다는 사실을 일깨워주었기 때문이다.

우리 사회에서 대학입시는 '만인의 만인에 의한 투쟁'에 비유된다. 학벌 계급 사회의 상위 자리를 차지하기 위해 모든 이해 당사자들이 목숨 걸고 싸우는 한 판 승부라는 뜻이다. 이런 큰 게임에선 룰이 자주 바뀌어 복잡해질수록 이득을 보는 것은 기득권층이다. 어떤 대입제도든 관건은 디테일에 달려있는데, 그 디테일은 결국 경제력과 정보력에서 나오기 때문이다.

대입제도에 담긴 사회 모순에는 눈 감은 채 그저 땜질식 처방에 나서는 것은 문제 해결에 도움이 안 된다. 행동 편향의 어리석음을 되풀이하지 않으려면 교육의 핵심 가치를 확실히 하고, 그것 하나만이라도 꼭 붙드는 뚝심을 가져야 한다.

(내일신문 2018.09.10)

이상한 방향으로 흐르는 김영란법

온 나라가 한 주제를 놓고 동시에 '열공'에 빠진 것은 처음 아닐까 싶다. 오늘부터 시행되는 김영란법, 즉 부정청탁 및 금품 등 수수의 금지에 관한 법률을 앞두고 벌어진 유례없는 사회 현상이다.

법 적용대상으로 지정된 공공기관과 언론사, 학교는 물론 이들 기관과 상대하는 기업과 단체 또한 법률전문가를 초청해 내부 설명회를 열고 구성원들 교육하기에 바빴다. 애초부터 공직자인 사람이나, 오늘부터 '공직자 등'이 된 사람, 직무상 공직자 등과 접촉해야 하는 민간인까지 사실상 국민 모두가 이 법에 구애받게 된다. 김영란법은 부정청탁을 한 사람과 받은 사람, 금품을 준 사람과 받은 사람, 나아가 소속 기관의 장(長)까지 문책하는 쌍벌제인 것이다.

법문을 꼼꼼히 읽다 보면 우리 사회의 크고 작은 부패의 연결고리를 어떻게든 끊어놓겠다는 강력한 입법 의지를 곳곳에서 느낄 수 있다. 조직 내부의 감시체제나 개별 직업의 윤리규정에 맡겨도 좋을 만한 세세한 일까지 형사 처벌하는 내용으로 돼 있다. 혈연·지연·학연에 뿌리를 둔 연고주의가 한국형 부정 비리의 원천이라는 점을 떠올린다면, 그렇게 충격요법을 동원해서라도 투명하고 건전한 사회를 만들어야 할 필요에 공감이 간다. 김영란법에 많은 국민이 찬성하는 까닭이기도 하다.

법이 지나치게 모호한 것이 문제

문제는 법이 지나치게 모호하다는 데 있다. 나 또한 법 적용 대상자의 한 사람으로 내부 교육도 받고, 국민권익위원회에서 내놓은 217쪽짜리 해설집도 몇 차례 읽어 보았지만 여전히 이해하기 어려운 대목이 많다. 부정청탁 법규를 위반할 때 2년 이하의 징역이나 2천만 원 이하의 벌금형을 받는다는 강력한 처벌조항은 명확하게 들어온다. 하지만 무엇이 부정청탁인지 개별 사안으로 들어가면 금세 애매해진다.

금품 수수와 관련해서는 더 헷갈린다. '원활한 직무수행과 사교, 의례 목적으로 제공되는 금품'은 3만-5만-10만 원 범위 내에서 가능하다. 그런데 '직무관련성과 대가성이 있는 경우'에는 커피 한 잔도 안 된다고 한다. 어떨 때가 원활한 직무수행이고 어떨 때가 직무관련성과 대가성이 있는지 알쏭달쏭하다.

이렇게 된 것은 공직자 비리를 규제하기 위해 마련한 법안에 언론인과 교원을 포함시켰기 때문이다. 이 법에 나오는 직무관련성이나 대가성이란 개념은 오랜 시간 공직자 범죄사건을 통해 확립된 용어다. 공무원들에게는 익숙한 개념이다. 직무관련성이나 대가성을 판단하는 데 기준이 되는 사회 상규라는 개념 또한 대법원 판례로 굳어져 있다.

하지만 언론인이나 교원 같은 '공직자 등'에게는 처음 접해보는 생경한 개념이다. 직무관련성이나 대가성을 따질 만한 관행은 무수히 많지만 그중 어느 것이 사회상규에 해당하는지 참고할 만한 판례는 사실상 없다. 우선 기자의 직무관련성을 어디까지로 볼 것인지도 불분명하다. 공무원은 담당 업무가 정해져 있지만 기자의 취재영역은 일정한 선을 그어 한정하기 어려운 경우가 많다. 언론사 사회부장만 해도 정치인에서부터 기업, 대학교, 노조에 이르기까지 사회 모든 부문이 직무와 관련돼 있다. 편집(보도)국장이라면 잠재적 보도대상이라는 관점에서 온 국민과 직무 관련성을 맺고 있다고 볼 수도 있다.

　권익위 홈페이지에 마련된 문의 코너에는 하루에도 수백 건의 상담 및 질문이 올라온다. 그 내용을 보면 권익위라고 해서 무슨 권능으로 저 많은 형태의 관습과 경우에 대해 일일이 재단(裁斷)할 수 있을까 의문이 들 만큼 각양각색이다.

무기력과 혼돈에 빠뜨릴 수도

　성영훈 국민권익위원장은 흑과 백 사이 회색지대를 판단할 때 양심과 상식에 따르면 된다고 했다. 하지만 당사자 입장에서 보면 그것처럼 답답한 말이 없다. 자신은 양심에 거리낌 없이 상식선에서 처리한다고 해도 나중에 위법 판정을 받을 수 있는 게 김영란 법이기 때문이다. 실제 권익위가 내놓은 사례집에도 '웬만하면 위법'으로 나와 있다. 이 때문에 법 시행 초기 400만 명에 이르는 공직자 등이 "소나기는 피해가자"는 심정으로 납작 엎드려 있는 분위기라고 한다. 이대로 가다간 김영란법이 사회를 맑고 깨끗하게 해주는 게 아니라 무기력과 혼란에 빠뜨릴 수도 있겠다는 걱정이 든다. 입법 취지가 분명 이게 아니었을 텐데 이상한 방향으로 흐르고 있다.

(내일신문 2016.09.28)

한자 문맹(文盲) 세대

젊은 학생들과 수업하는 시간은 늘 새롭고 보람차다. 가르친다고 들어가서는 도리어 배워 나올 때가 적지 않다. 30년 기자 생활을 뒤로 하고 몇해 전 대학에 온 신출내기 교수인 나로서는 하루하루가 배움의 연속이다.

반면 안타까운 현실의 깨달음도 있다. 학생들에게서 느끼는 세대 차이, 그 중에서도 언어 차이다. 젊은이들이 부모 세대가 알아듣지 못하는 자기들만의 언어로 소통하려는 경향은 예나 지금이나 다를 바 없다.

요즘 디지털 네이티브들은 조금만 말이 길어도 참지 못하는 성미여서 '복세편살'(복잡한 세상 편하게 살자), '어덕행덕'(어차피 덕질할 거 행복하게 덕질하자), '낄끼빠빠'(낄 데 끼고 빠질 데 빠져)와 같은 '별다줄'(별 걸 다 줄임)을 잘도 만들어낸다. 그래도 이런 신조어는 대개 바람처럼 나타났다 연기처럼 사라지는 속성이 있으니, 언어 격차 따라잡는다고 머리 싸매고 외워야 할 필요까지는 없다.

문제는 그 반대, 즉 부모 세대의 언어를 젊은이들이 못 알아듣는다는 데 있다. 부모 세대에선 그다지 학식이 높지 않은 사람도 별 어려움 없이 구사하는 어휘를 요즘 젊은이들은 무척 낯설어하거나 아예 이해하지 못한다.

얼마 전 교양수업 시간 중 신문기사 하나를 복사해 학생들에게 나눠주면서 "이 글을 읽고 토론해봅시다. 지금부터 숙독하세요."라고 당부했다. 그런데 조금 있으니 교실 분위기가 뭔가 이상하다. 한 쪽의 학생들은 밑줄

그어가며 열심히 읽고 있는데, 다른 한 쪽의 학생들은 시키는 대로 다 했는데 왜 다음 진행을 하지 않느냐는 표정을 짓고 있다. 아뿔싸, 그때 깨달았다. 교수의 메시지를 학생들은 이해하지 못하고 있다. 숙독(熟讀)이란 단어가 사용빈도가 낮은 어려운 한자어인 것이다.

숙독(熟讀), 답보(踏步) 뜻 모르는 학생들

학생과 호흡을 같이 하는 교수라면 이런 교실 환경을 마땅히 감안해야 했건만 방심했다는 자책감이 든다. 수업하면서 이런 비슷한 경험은 수없이 겪는다. 어느 수업에서 PPT 자료에 '성장률 답보'라고 써놓았더니 한 학생이 고개를 갸우뚱거리더니 입을 연다. "교수님, 답보가 무슨 뜻입니까?" 듣고 보니 답보(踏步)라는 말 또한 젊은 세대에 낯선 단어다.

한글만 고집하는 사람들은 왜 그런 한자까지 알아야 하느냐, 어려운 한자어 대신 '자세히 읽기', '제자리걸음' 같은 쉬운 우리말로 바꿔 쓰면 되는 것 아니냐고 주장하고 싶을 게다.

어려운 한자어를 되도록 쉬운 한글로 바꿔 쓰는 데 반대할 사람은 없다. 만약 모든 한자어를 한글로 간명하게 풀어서 쓸 수 있다면 우리는 진작 그렇게 했을 것이다. 하지만 우리가 쓰는 말의 70%는 한자어다. 이를 몽땅 한글로 바꾸는 것은 애초부터 불가능하다.

당장 중고교 교과서만 보아도 서사(敍事), 소수(素數)·유리수(有理數), 질량(質量), 위도(緯度), 음영(陰影)·소묘(素描), 실사구시(實事求是) 같은 한자어를 배제하거나 대체할 마땅한 방도는 없다.

서울대생들의 한자 실력을 테스트했더니 문화(文化)를 문화(文花)라 쓰고, '學科'를 '학교'라 읽는 학생이 적지 않더라는 언론 보도가 나온 게 2005년이다. 지금은 사정이 더 나빠져 국내 평균적 대학생이 자기 이름과

학교, 학과명, 우리 국가명을 한자로 쓰지 못하는 수준이다. 대학생이 자기 이름을 한자로 못 쓴다는 게 말이 되느냐고 부모 세대는 펄쩍 뛰겠지만, 그게 현실이다. 비슷하게 그리긴 해도 정확하게 쓸 줄 아는 학생은 아주 적다. 우리는 지금 한자 문맹(文盲) 시대에 살고 있다.

한자어 모르면 결국 우리말 모르는 것

젊은이들을 한자 문맹으로 만든 책임은 전적으로 부모 세대에 있다. 어느 말이든 배우지 않으면 알 수 없다. 러시아어를 배우지 않으면 러시아어를 모르듯이, 한자를 배우지 않은 학생이 한자를 모르는 것은 당연하다. 젊은이들을 나무랄 게 아니라 정책을 다루는 부모 세대가 반성해야 할 일이다.

때마침 한글을 우리 고유문자로 정해 공문서에 한글만 사용하도록 규정한 국어기본법이 헌법에 위배된다는 헌법소원이 청구돼 심리가 진행 중이다. 한글전용 정책을 헌법 위반이라고 할 수 있을지 의문이지만, 한자교육의 필요성을 인식하는 계기가 되었으면 하는 마음이 간절하다. 한자를 모르면 한자어를 모르고, 한자어를 모르면 결국 우리말을 모르는 것과 다를 바 없다.

(내일신문 2016.05.19)

세월호의 수많은 "~라면"

여객선 세월호 침몰사고를 두고 수많은 가정(假定)이 꼬리를 문다. 그걸 "~라면"이라고 해보자. 애초에 무리한 출항을 하지 않았더라면, 적재화물을 단단히 고정해두었더라면, 학생들이 신고 전화를 했을 때 위도와 경도를 물어보는 따위의 얼빠진 질문으로 시간을 허비하지 않았더라면 어땠을까.

만약 선장이 승객 안전을 내팽개친 채 팬티바람으로 달아나지 않았더라면, 아니 달아날 때 달아나더라도 "선실에서 대기하라"는 잘못된 방송만 하지 않았더라면, 그래서 마지막 순간 승객들이 구명조끼를 입은 채 바다에 뛰어들도록 유도했더라면 지금과 같은 참극은 빚어지지 않았을 것이다.

거슬러 올라가도 "~라면"의 대목은 널려 있다. 승선자 명부를 정확히 기록했더라면, 그래서 사고 초기 실종자 숫자를 놓고 오락가락하지만 않았더라면, 평소 위기상황에 대비한 선상 교육 훈련을 했더라면, 출항 전 구명보트가 잘 펴지는지 안전 점검을 제대로 했더라면 피해를 줄일 수 있었을 게 분명하다. 아니 그에 앞서 일본에서 쓰다 버린 중고선박을 들여오지 않았더라면, 증·개축만이라도 규제했더라면 그 큰 배가 복원력을 잃고 기우뚱거리는 일은 없지 않았을까.

더 통탄스러운 "~라면"의 순간은 사고발생 후에 있다. 세월호가 반쯤 기운 모습으로 TV 화면에 나타났을 때 배 안의 사람들에게 무슨 일이 생길 것이라고 생각한 국민은 없다. 대개의 경우 노출된 위험은 위험이 아닌 법이다. 사고는 났고, 초기 대응은 늦었지만 그래도 하늘에 헬기가 떠 있고, 사방에 구조 배가 몰려들던 상황이었다. 당연히 꺼낼 것이라 여겼고, 마땅히 그래야만 했다. 나중에 보니 그때 학생들은 선내 방송에 따라 질서정연하게 기다리다가 상황이 다급해지자 유리 창문을 두드리며 살려달라고 외치고 있었다. 그런데 유리창 너머의 그 마지막 절규를 우리는 결과적으로 외면했다. 배가 완전히 뒤집히기 전 그 절체절명의 시간에 무슨 수를 써서라도 안으로 들어갔더라면 미안한 마음이 지금보다는 덜 들었을 것이다.

세월호 사고에서 "~라면"은 불가항력적 상황이 없다. 그때그때 마음만 먹었다면 모두 가정을 현실로 바꿀 수 있는 것들이다. 그런데도 "~라면"의 순간이 많다는 것은 그만큼 원칙과 규정이 무시되고 부조리와 엉터리가 판을 쳤다는 얘기다. 설마 무슨 일이 있겠나 하는 설마주의, 적당히 하지 뭐 하는 대충주의, 돈만 최고로 여기는 배금주의, 소나기만 피하고 보자는 무사안일주의, 끼리끼리 밀어주고 당겨주는 한통속주의가 사고로 가는 길목마다 모습을 드러낸다.

그동안 국내에서 일어난 대형 선박사고는 1993년 서해훼리호, 1970년 발생한 남영호 사고가 대표적이다. 그런데 두 사고의 기록을 보면 과적(過積)에 마구잡이 승선, 운항 부주의에 봐주기식 안전검사까지 23년의 시간 차가 무색할 정도로 같은 단어가 되풀이된다. 세월호도 크게 다르지 않다. 1970년대엔 입에 풀칠하기에 바빠 그렇다 해도 세계에서 열한 번째의 경제대국이 된 지금까지 안전에 불감(不感)하다는 것은 국가적 수치다.

다른 면이 있긴 있다. 정부의 대응이 20년 전보다 못하다는 점이다. 사고 초기 정부에 주어진 시간은 다른 어느 때보다 길었지만 구조한 인원은 0명으로 역대 최악이다. 반면 불신을 가중시키는 의혹과 사실은 양파껍질처럼 까도 까도 나온다. 현장에선 말 바꾸기가 계속되고 수색작업은 더디

기만 하고, 공직자들의 부적절한 처신은 끝이 없다. 박근혜 대통령이 "오늘 약속이 지켜지지 않으면 여기 있는 사람 다 물러나야 한다."고 했을 때 제대로 돌아가나 싶었지만, 실제로는 거기 있던 사람 다 물러나야 하는 상황이 됐다.

아직 규명되지 않은 부분도 많다. 그중 하나가 청와대 책임론이다. 모든 위기관리의 성패는 초기 대응에 있고, 그 정점에 청와대가 있다. 대통령이 이번 사고를 정확히 언제 어떻게 보고받고 어떤 조치에 나섰는지는 그래서 중요하다.

안전행정부 장관은 소방본부에 사고가 접수된 지 39분 뒤 청와대에 문자메시지로 보고했다고 했다. 1분 1초가 급한 상황에서 전화 대신 문자를 보낸다는 것도 놀랍지만, 그 문자가 어느 경로를 거쳐 대통령에게 보고되었는지, 그게 대통령에게 올라온 최초 보고였는지 청와대는 확인해준 적이 없다. 만약 대통령 보고가 신속·정확했더라면 "단원고 학생 전원 구조"라는 대형 오보도 없었을 것이고, 초기 대응은 더 발 빠르게 움직였을 게 틀림없다. "~라면"에서 시작해 "~라면"으로 끝나는 세월호 사건이다.

(경향신문 2014.04.29)

제2의 고교평준화시대

교육감 선거가 끝난 뒤 조희연 당선자의 입에서 나온 일성(一聲)은 "제2의 고교평준화 시대를 열겠다."는 것이었다. 여러 언론 인터뷰에서 한결같이 말한 것으로 보아 분명 준비된 멘트다.

그는 올해가 박정희 대통령이 평준화를 시행한 지 40년이 되는 해라는 사실도 부연했다. '제2의 박정희 시대'를 추구하는 박근혜 대통령에게 아버지 업적을 계승하려 하니 어깃장 놓지 말라는 메시지를 던지고 싶었는지 모르겠다. 평준화 여부를 결정하는 권한은 교육감에게 있지만 다른 지역도 아니고 서울에서 고입정책을 뒤집으려면 정부 협조가 필요한 게 현실이기 때문이다.

아무튼 이제 1주일 뒤면 그는 교육 소통령이라 불리는 자리, 그중에서도 가장 막강하다는 서울의 교육감이 된다. 제2의 고교평준화 시대는 어떻게 오는 걸까.

먼저 개념 정리가 필요할 것 같다. 서울은 지금 평준화 지역인가, 아닌가. 전체 학생의 70%가 일반고에 배정된다는 점에서 평준화 지역으로 볼수 있지만, 나머지 30%가 이런저런 경쟁방식에 의해 선발된다는 점에서 다르게 볼 수도 있다. 중요한 것은 형식보다 실질이다. 학부모들의 인식속에 평준화는 오래전에 무너진 탑이다.

그렇다면 제2의 평준화란 무엇인가. 조 당선자는 자사고 폐지를 제2의 평준화로 인식하고 있는 것 같다. 선거공약으로 자사고 폐지를 내걸었고, 당선 후에도 같은 취지의 말을 반복했다. 마침 5년 주기의 평가 기간이 된 만큼 이번 기회에 정리할 자사고는 정리하겠다는 것이다. 하지만 그뿐이다. 다른 평준화 구상은 밝힌 적이 없다. 만약 자사고 폐지가 전부라면 제2의 평준화는 소리만 요란한 빈 수레에 불과하다고 나는 생각한다.

자사고가 평준화에 역행하는 것은 사실이다. 하지만 본질적으로 평준화의 근간을 흔드는 위협적인 존재라고 볼 수는 없다. 평준화의 가치는 자사고가 생겨나기 이전부터 이미 만신창이가 돼 있었다. 모집 인원을 간신히 채울까 말까 하는 자사고 몇 곳을 지정 취소한다고 무너진 평준화 기반이 일어서는 것은 아니다.

문제의 핵심은 특수목적고, 그중에서도 외국어고에 있다. 외고가 평준화 붕괴의 주역이고 사교육 경쟁의 진원지라는 것은 이 땅에서 자식 키워본 사람이라면 누구나 아는 사실이다. 외고가 명문대 입학의 지름길로 통하면서 외고에 들어가기 위한 경쟁이 중학교와 초등학교, 유치원까지 내려가 있다. 자사고 폐지의 명분이 입시위주 교육과 고교 서열화라고 한다면, 외고는 자사고에 비할 바가 아니다.

외고의 설립목적은 '외국어에 능숙한 인재 양성'이다. 하지만 이게 허울좋은 명분이라는 것도 알 만한 사람은 다 안다. 외고를 나와 어학 계열로 진학하는 비율은 30%가 채 안 된다. 하지만 교육부나 대학에서 제재하기는커녕 반대로 내신특혜나 수능우대를 해줬다. 간혹 문제가 터지면 "설립목적에 위배될 경우 지정취소를 할 수 있다."고 엄포를 놓지만 언제나 말뿐이다. 실제 지정취소를 내린 적은 없다. 설립목적을 무시하고 이과 반을 편성해도, 시험 문제지를 유출하는 부정을 저질러도, 불법 찬조금을 걷다가 적발돼도 큰 탈 없이 지나갔다. 그렇게 30년을 지나는 사이 외고는 평준화 이전의 명문고 이상 가는 엘리트 학교가 됐고 반대로 일반고는 갈수록 슬럼화해갔다.

자기 아이를 좋은 학교에 보내고 싶은 부모의 마음은 예나 지금이나, 진보나 보수나 다를 게 없다. 진보 교육을 자처하는 조 당선자나 곽노현 전 서울시교육감의 아들이 외고 출신이라고 해서 약간의 수군거림이 있었지만 비난할 일은 아니다. 한국의 파워 엘리트 중에서 자녀를 일반고에 보낸 사람은 눈 씻고 찾아야 할 정도로 드물다. 학생의 학력 수준은 물론 부모의 사회적 지위나 경제력까지 모든 면에서 일반고와는 차원이 다른 집단, 그게 바로 지금의 외고다. 이런 외고를 그대로 두고 일반고 전성시대 운운하는 것은 눈 가리고 아웅하는 것이다.

도올 김용옥 한신대 석좌교수는 전국 13곳에서 진보교육감이 당선된 것은 노무현 대통령 당선보다 더 역사적 의의가 큰 사건이라고 평가했다. 정치혁명보다 중요한 교육혁명의 기회가 왔다는 것이다. 그런데 당사자들은 이런 사건의 의미를 인식하지 못하거나, 교육감에게 주어진 권한의 크기를 실감하지 못하는 것 같다. 어물어물하다가 도둑처럼 찾아온 제2의 평준화 기회를 바람처럼 날려버리지나 않을까 걱정된다.

(경향신문 2014.06.24)

정운찬, 노회찬, 그리고 교육관

최근 민주노동당의 대선주자인 노회찬 의원이 재미있는 말을 했다. "정운찬 전 서울대 총장도 요즘 태어났다면 서울대에 못 갔을 것이다." 요즘엔 사교육이 대입능력을 좌우하기 때문에 제 아무리 머리 좋은 학생도 돈이 없어 학원에 못 다니면 별 수 없다는 말이다. 개천에서 용 나는 게 정말어려워졌음을 극적으로 표현한 노회찬식 화법이다. 그래서 그는 극약처방을 제시한다. 외국어고와 자립형 사립고를 아예 폐지하고 서울대를 포함한 국공립대를 고교처럼 평준화하자는 것이다.

정 전 총장의 생각은 정반대다. 그는 개천에서 용 나는 사회를 만들기위해 오히려 평준화를 폐지하고 고교 입시를 부활해야 한다는 소신을 갖고 있다. 시골 가난한 집에서 태어난 자신이 서울대 총장을 거쳐 오늘날국가지도자를 꿈꿀 수 있는 것은 입시를 통해 계층 상승의 사다리를 탈수 있었기에 가능했다는 생각이다. 3불 정책을 폐지해야 한다는 주장도같은 맥락이다. 그는 이렇게 말한다.

> "현 교육 시스템은 대학에 입학하는 시기에 사회 구성원의 계층을 1차 결정하는 방식이다. 고교 입시를 부활해 이 시기를 3년 앞당겨야 한다. 사교육이 범람하는 상황에서 계층 결정 시기가 미뤄질수록 가난한 사람이 불리하다."
> (2006년 6월 5일자 경향신문)

高入부활 계층투쟁 불 보듯

정운찬은 출마를 결심하는 순간 한나라당과 맞서는 강력한 후보가 될 가능성이 높다. 고교평준화가 시행된 1974년 이래 처음으로 고입 부활의 소신을 가진 대선 주자 탄생이 눈앞에 있다는 얘기다. 평준화 폐지가 쟁점으로 떠오르는 첫 대선이 될 것이란 예상도 가능하다. 그가 고입 부활을 공약으로 내걸지 않으면 "서울대 총장까지 지낸 저명 학자가 정치 입문하자마자 소신을 접고 말을 바꾼다."는 보수층의 비난이 쏟아질 게 뻔하기 때문이다.

그러나 평준화 공약은 위험천만한 도박이다. 보수냐 진보냐 하는 이념 문제보다 훨씬 중요한 게 개인의 이해관계다. "한국을 세계 7위 경제 강국으로 만들겠다."는 거창한 공약에는 별 느낌이 없지만, "고교 입시를 부활하겠다."고 하면 누구나 내 자녀, 내 조카, 내 손자의 장래와 연결시켜 손익을 따져보게 된다. 머리 좋은 아이와 그렇지 않은 아이, 돈 있는 집과 가난한 집, 도시 가정과 농어촌 가정의 이해관계는 극명하게 엇갈린다. 평준화 폐지 공약은 필연적으로 계층 간 투쟁을 부르고, 이는 정치 신인 정운찬을 감당하기 어려운 코너로 몰아넣을 것이다. 평준화보다 훨씬 덜 민감한 3불 정책에 대해 평소의 폐지 소신을 언급한 것을 두고도 열린우리당 일각에서 "그럴 거면 차라리 한나라당으로 가라"는 공개 비난이 터져 나오는 판이다.

평준화는 그만큼 뜨거운 감자다. 한나라당의 대선주자인 이명박 전 서울시장과 박근혜 전 대표, 2002년 때의 이회창 후보 모두 평준화에 대해 모호한 태도를 취한 이유가 거기에 있다. 잠자는 사자의 코털을 건드리는 꼴이 될 수 있음을 직감으로 아는 것이다.

하지만 경기고 출신의 두 잠재적 대선주자가 생각하는 교육해법은 내가 보기에 다 틀렸다. 노회찬의 방식은 서울대 못 나온 사람들 기분은 맞춰줄지 모르겠으나 지혜롭지도, 현실적이지도 않다. 서울대를 없애면 제2의 서울대가 나오고, 제2의 서울대마저 없애면 하버드대 학벌이 한국의 지배계급을 형성하게 될 것이다. '서울대 논술 전문' 학원이 '하버드대 에세이 전문'으로 간판을 바꿔 달 뿐 사교육 시장은 죽지 않는다는 얘기다. 평준화를 참지 못해 외국으로 나가는 조기 유학생은 지금도 넘쳐날 정도다. 정운찬의 방식은 더 비현실적이다. 고교 입시를 부활하면 초등학교에까지 사교육 광풍이 몰아쳐 개천의 용은 힘 한번 못써보고 멸종위기에 처할 것이다. 지금도 특목고 입시 때문에 토플 학원에 다니는 초등생이 즐비하다는 것은 무엇을 말하는가.

'위험한 공약' 내세우지 말길

교육에선 노회찬이 추구하는 평등성과 정운찬이 강조하는 수월성(秀越性) 모두 중요하다. 두 가치가 적정하게 조화를 이루는 지점을 찾기란 참으로 어렵지만, 그렇다고 어느 한쪽을 위해 다른 한쪽을 포기할 수는 없다. 대학 평준화는 평등성을 위해 수월성을, 3불 폐지·고입부활은 수월성을 위해 평등성을 희생하자는 논리다. 정치인 정운찬이 평준화 폐지 소신을 공약으로 내세우지 않기를 바라는 마음에서 이 글을 썼다.

(경향신문 2007.03.27)

"아 아 억울하면 출세를 하라"

강병규 안전행정부 장관 후보자는 억울할 것이다. 끝내 입 밖에 내지는 않았지만 왜 나만 갖고 그래? 하는 말이 어쩌면 목구멍까지 올라왔을 수도 있다. 지난번 국회에서 열린 인사청문회에서 그는 최대한 고개를 숙였으나 야당 의원들은 그의 위장전입 전력을 묻고 또 물었다. 주민등록법을 관장하는 주무부처의 장이 주민등록법 위반 전력이 있어서야 되겠느냐는 논리로 끈질기게 추궁했다. 근래 들어 위장전입 문제에 이만큼 날선 비판을 한 적이 있었나 싶을 정도다.

> 의원: (청와대에서 준 200개 설문 중) '실제 거주하지 않으면서 주소만
>   옮긴 경력이 있습니까.'라는 항목에 답을 어떻게 하셨습니까.
> 후보자: 있는 그대로 '예'라고 했습니다.
> 의원: 그럼 청와대에서 위장전입 사실을 인지하고 있었다는 것 아닙니까.
> 후보자: 저는 알고 있었으리라고 생각합니다.
>   (3월 24일 국회 안전행정위원회 청문회 회의록)

이 문답에서 우리가 짐작할 수 있는 것은 청와대가 위장전입을 더 이상 장관의 결격사유로 여기지 않고 있다는 사실이다. 위장전입으로 재산상 이득을 취하지만 않았다면, 혹은 검증설문에 있는 사실을 없다고 거짓 응답만 하지 않는다면 넘어간다는 얘기다.

청와대의 이런 방침은 일견 이해되는 측면도 있다. 주무부처 장관이어

서 안 된다고 하려면 최소한 법을 다루고, 법을 집행하고, 법전에 쓰인 대로 남을 벌주는 기관의 장도 똑같이 안 된다고 해야 한다. 하지만 그동안 법무장관과 검찰총장, 경찰청장, 대법관까지 위장전입한 사실이 드러났지만 대부분 탈 없이 지나갔다. 이명박 정부 땐 아예 대통령 자신이 위장전입자였고, 박근혜 정부 들어선 내각을 통할하는 정홍원 국무총리가 위장전입자였다. 그 대통령, 그 총리 아래에서 수많은 공직자가 위장전입에 대해 면죄부를 받았다. 그들의 이름과 직책을 일일이 열거하려면 숨이 가쁠 정도다. 이제 와서 주무부처 장관이라는 이유만으로 다른 잣대를 들이대는 것은 형평에 어긋난다고 볼 수도 있다.

문제는 국민과의 형평성이다. 위장전입은 엄연한 범법행위다. 범죄를 저지른 공직자들은 그다지 죄의식이 없어 보이지만 위장전입은 사리사욕을 위해 거주지 정보를 국가에 허위로 제공하는 일종의 속임수다. 대부분의 선량한 국민은 평생 한 번도 이런 속임수를 쓰지 않는다. 처벌 수위도 높다. 남을 때리는 폭행죄는 2년 이하의 징역이나 500만 원 이하의 벌금형을 받지만 위장전입으로 적발되면 이보다 높은 3년 이하의 징역이나 1000만 원 이하의 벌금형에 처해진다. 실제 위장전입이 탄로나 처벌받은 사람도 지난 10년간 1만 명가량 된다.

반면 고위공직자들은 아무도 처벌받은 적이 없다. 범죄 사실이 드러났을 땐 이미 공소시효 5년이 지난 시점이기 때문이다. 똑같은 죄를 저질렀어도 법망의 구조를 잘 아는 고관대작들은 다 빠져나가고 아무것도 모르는 힘없는 일반인은 매번 걸려드는 셈이다. 전형적인 유권무죄(有權無罪) 무권유죄(無權有罪)다. 강 후보자가 억울한 기분이라면 이들은 허공에 대고 팔뚝질이라도 하고 싶은 심정일 것이다.

청와대가 위장전입을 범죄로 보지 않는다면 차제에 주민등록법을 바꾸어 합법화하기 바란다. 그러면 행정상 혼란은 있어도 법의 형평성 논란은 해소된다. 그렇지 않고 현행 제도를 유지해야겠다고 판단한다면 고위공직자에 대한 규칙만이라도 다시 세우길 바란다. 가령 공소시효가 시작되는 시점을 "범죄행위가 종료된 때"에서 "범죄행위가 드러난 때"로 바꾼다고 가정해보자. 10년 전, 20년 전의 불법행위라도 청문회에서 드러나는 순간 처벌을 피할 수 없다고 하면 위장전입 전력을 가진 사람이 고위공직에 임명되는 일은 예방할 수 있다.

만약 박근혜 대통령이 이번에도 별 고민 없이 '관행에 따라' 강 후보자 임명을 강행하면 어떻게 될까. 1960~1970년대 어른들이 술 한 잔 걸치면 흥얼거렸던 '회전의자'라는 노래 중에 이런 구절이 있다. "빙글빙글 도는 의자 회전의자에, 임자가 따로 있나 앉으면 주인이지. ~ 아 아 아 억울하면 출세를 하라, 출세를 하라."

위장전입으로 벌 받은 사람들은 이 나라의 법질서가 50년 전 유행가 수준에서 크게 달라진 게 없다고 느낄 것이다. 박근혜 정부가 내세우는 비정상의 정상화가 잘못된 관행을 바로잡는 것을 뜻한다면, 회전의자의 임자를 임명하는 일부터 정상으로 돌려놓아야 하지 않을까.

(경향신문 2014.04.01)

선행학습금지법의 역설

한국의 사교육 문제를 설명할 때 쓰이는 몇 가지 이론이 있다. 먼저 죄수의 딜레마다. 죄수는 나와 옆방의 동료가 같이 입을 다물면 벌을 면하지만 나는 자백하지 않았는데 동료가 자백하면 더 큰 벌을 받는 게임의 법칙 앞에서 동료를 믿지 못하고 벌을 덜 받는 쪽을 선택해 죄를 털어놓는 것을 말한다.

구성의 모순이라는 것도 있다. 극장에서 한 사람이 앞을 잘 보기 위해 일어서면 뒤의 사람 모두 일어서게 되는 현상, 그러니까 개인의 선택은 합리적이지만 전체적으로 보면 불합리한 모순을 말한다.

붉은 여왕효과에 비유되기도 한다. 붉은 여왕의 세계에서는 내가 아무리 열심히 뛰어도 주변이 함께 움직이기 때문에 결국은 제자리라는 이론이다. 나는 하고 싶지 않지만 남이 하니까 어쩔 수 없이 하고, 너도 나도 하다 보니 모두에게 굴레가 되는 것, 그게 한국의 사교육이다.

한국인의 마음속에는 누군가 이 굴레를 벗겨주기를 바라는 구원의 기대심리가 있다. 역대 정권이 예외 없이 사교육과의 전쟁을 부르짖는 배경이다. 예산 한 푼 없이 민심을 얻을 수 있는 확실한 길이기 때문이다.

전두환 신군부가 내린 과외금지 조치는 지금도 그리워하는 사람들이 적지 않다. 자녀 사교육비 때문에 등골이 휜다는 서민들 가정에서 "전두환 정권이 그거 하나는 잘했는데" 하는 푸념이 더 많이 나온다. 박정희 정권이 10월 유신을 단행한 지 넉 달 뒤 발표한 고교평준화 정책도 마찬가지다. 정권 차원에선 다분히 정치적 계산이 깔려 있었지만 서민들은 사교육비 안 들여도 된다는 생각에 얼마간은 구원받은 느낌을 받았다.

고교평준화와 과외금지. 만약 이 두 정책이 살아있었다면 오늘날 사교육 문제가 이 정도로 커지지는 않았을 것이다. 하지만 과외금지는 헌법에 위배된다는 결정이 내려져 죽은 자식이 됐고, 평준화는 정부가 나서 야금야금 허무는 바람에 껍데기만 남았다. 과학고·외국어고·국제고·자사고에 국제중까지 우수 학생만 들어간다는 특별한 학교가 정권 바뀔 때마다 늘어나더니 이명박 정부 들어 포화단계에 이르렀다. 대학의 서열구조, 사회의 학벌구조는 변함없이 공고한데, 교육제도는 평준화 이전 상황으로 돌아갔으니 사교육이 번창하는 것은 당연하다.

박근혜 대통령이 다른 공약은 줄줄이 파기하면서, 있는 규제도 풀어주라고 지시하면서, 없는 규제를 새로 만들어 공약을 지킨 게 선행학습금지법이다. 사람들이 설마설마 했지만 보란 듯 법제화한 것이다.

하지만 박 대통령이 이 법으로 정치적 이득을 보기는 어려울 것 같다. 법이 서민의 가려운 곳을 긁어주기는커녕 더 답답하게 만드는 내용으로 돼 있기 때문이다.

선행학습금지법은 이름과 실질이 다른 법이다. 법 이름만 보면 선행학습 자체가 금지되는 것 같지만 실제로는 공교육에서 하는 선행교육과 선행시험이 금지되는 것뿐이다. 사교육의 선행학습은 모두 허용된다. 그렇다면 어떤 현상이 벌어질까. 법이 시행되면 일부 학교에선 교육당국의 단속망을 피해 음성적인 선행교육을 하려 하겠지만 일단 학생들에게 "선행학습 하고 싶으면 학원으로 가라"고 해야 한다. 현재 방과 후 수업을 통해 학교에서 흡수하고 있는 선행학습 수요도 사교육 시장에 내줘야 한다. 학교의 경쟁력은 더 떨어지고 학원의 흡수력은 더 강력해진다. 법의 이름을 공교육무력화법 또는 학원 밀어주기법으로 해야 맞지 않을까.

법의 형평성도 문제다. 영재학교나 과학고는 적용 대상에서 이미 제외됐지만 일반학교와 중간지대에 있는 외고와 자사고, 국제중은 이 법 적용을 어떻게 받는지 애매한 상태다. 이들 학교마저 설립 취지를 감안해야 한다는 논리를 내세워 예외를 인정한다면 그렇지 않아도 슬럼화하고 있는 일반고만 규제하는 꼴이 된다. 이래도 저래도 죄수의 딜레마, 구성의 오류는 풀 길이 없다. 평준화 체제가 무너진 상태에서 이런 법을 시행하는 것은 결국 기만적이다.

박 대통령은 다른 지도자에 비해 교육에 관심이 적은 것 같다. 하지만 그게 꼭 나쁜 것만은 아니다. 어설프게 교육대통령 소리 듣겠다며 조자룡 헌 칼 쓰듯 제도를 바꾸는 것보다는 차라리 가만히 있는 게 낫다. 노무현 정부에서 만든 수능등급제가 이명박 정부에서 폐기되고, 이명박 정부에서 만든 수능선택제가 박근혜 정부에서 폐기되지 않았던가. 사교육 시장은 제도가 바뀔수록 규모가 커지는 속성이 있는데, 박 대통령의 유일한 교육정책인 선행학습금지법이 이런 패착을 가져올 것 같아 걱정이 앞선다.

(경향신문 2014.03.04)

美 천재 랭건이 육체노동자인 이유

　미국에서 가장 머리가 좋은 사람은 올해 나이 52살의 크리스토퍼 랭건이라는 남자다. 전문가가 측정한 그의 IQ는 195~210. 상대성이론의 과학자 아인슈타인의 IQ가 150, 1960년대 신동으로 기네스북에 오른 한국의 김웅용씨 IQ가 210이었으니 대단한 천재임에 분명하다.

　그런데 외모만 보면 랭건은 전혀 천재 같지 않다. 오히려 보디빌딩 선수로 보일 만큼 잘 다져진 근육질의 몸매를 지니고 있다. 그렇다. 그는 몸을 움직여 먹고 사는 육체노동자다. 평생을 그렇게 살아왔고, 지금도 미주리주 교외에서 말 목장을 운영하며 산다. 한국의 천재 김씨는 어릴 적 스트레스 때문에 평범한 길을 선택했어도 학계에서 인정받는 논문을 수없이 발표한 박사이자 세계적 지성인이다. 그런데 미국의 천재는 왜 블루칼라 노동자가 되었을까. 타임지가 '가장 영향력 있는 100인'으로 꼽은 작가 말콤 글래드웰은 〈아웃라이어〉라는 책에서 이와 관련해 흥미로운 이야기를 전해준다.

빈곤에 능력 펼 기회조차 박탈

　랭건은 선천적으로 최고의 지능을 갖고 태어났지만 후천적 환경은 누구보다 열악했다. 집은 찢어질 정도로 가난했고, 술주정뱅이인 의붓아버지는 채찍으로 그를 때렸다. 그의 천재성을 알아주는 사람은 세상 어디에도 없었다. 고교를 졸업했을 때 그는 SAT에서 만점을 받았지만 전액 장학금을 주겠다는 대학은 두 곳뿐이었다. 그는 오리건주의 리드 대학을 선택했으나 얼마 뒤 그만둬야 했다. 학교 측이 랭건 집에서 사소한 서류 하나가 오지 않았다며 장학금을 줄 수 없다고 했기 때문이다. 그 뒤 몬태나 대학에 다시 등록했지만 이번에는 고물자동차가 고장 나 통학이 어려워졌다. 대학 측에 "오전에 듣던 수업을 오후에 옮겨 들을 수 있게 해달라"고 요청했으나 거부당했다. 그 길로 대학을 때려치운 그는 먹고 살기 위해 막노동에 나섰다. 건설현장을 떠돌거나 고기잡이배를 탔으며, 카우보이, 삼림소방관, 나이트클럽 경비원 등으로 일했다. 그의 존재가 세상에 알려진 것은 1999년 에스콰이어라는 잡지에 소개되면서였다.

40대 경비원이 철학, 수학, 물리학에 고명한 학자 못지않은 지식을 갖고 있다는 사실에 미국 사회는 깜짝 놀랐다. 언론은 다투어 그의 IQ를 측정·공개했다. 당대의 천재를 그제야 발견한 것이다. 하지만 너무 늦었다. 그는 학술지에 논문 한 편 실을 수 없는 대학 중퇴자일 뿐이었다. 랭건은 그 좋은 머리로 세상에 충분히 기여하지 못하고 말 돌보는 일로 늙어가고 있다며 글래드웰은 안타까워했다.

만약 랭건이 한국에서 태어났다면 어땠을까. 일찌감치 세상이 그를 알아보았을까. 미국보다 좁은 나라이니 가능성은 더 높겠지만 꼭 그렇다고 볼 수는 없다. 어린 아이에게 중요한 것은 지능이 아니라 가정환경이다. 신동 김웅용은 부모가 모두 대학교수였지만 랭건은 세상에 나왔을 때 친아버지가 죽고 없었고 어머니는 자식 장학금 받는 데 꼭 필요한 서류도 챙겨주지 않을 만큼 무관심했다. 우리 사회에서 이런 환경 속에서 자라는 아이들은 지금도 적지 않다. 이들이 요행히 좋은 머리를 타고 났다고 해서 성공이 보장되는 것은 아니다.

국가와 사회 발전에 우수한 두뇌만 필요한 것은 물론 아니다. 노력 여하에 따라 누구나 인재가 된다. 문제는 가난 때문에 좌절하고 샛길로 빠지는 경우다. 돈이 없어서 교육의 기회를 얻지 못한다면 개인에겐 불행이고 국가에는 손실이다. 고려대가 최근 실시했다는 고교등급제에 우리가 공적으로 분노해야 하는 이유가 여기에 있다.

고교등급제 절대 막아야

교육은 범죄나 파괴 없이 사회의 계층 간 이동을 가능케 하는 사다리다. 빈곤층도 사다리를 잘 오르면 더 나은 신분으로 상승할 수 있다. 사다리를 오르는 능력과 기울이는 노력 정도는 개인별로 차이가 나겠지만 사다리를 잡을 기회만큼은 누구에게나 공평하게 주어져야 발전이 있다. 그런데 고교등급제는 부유층에 사다리를 몰아준다. 비싼 사교육을 통해 선행학습을 받지 않으면 웬만큼 우수한 두뇌를 가졌어도 입학할 수 없는 곳이 특목고이기 때문이다. 한국의 랭건들을 좌절케 하는 고교등급제는 절대 허용해선 안 된다.

(경향신문 2009.02.10)

국민연금 고갈을 막으려면

"고갈되는 거 아니라니까요. 그건 잘못된 기사입니다." 1995년 보건복지부를 출입할 때 복지부 공무원들로부터 종종 듣던 얘기다. '국민연금 고갈' 기사가 나오면 이들은 손사래부터 내저었다. 무엇이 어떻게 잘못됐다고 구체적으로 말하지는 않았다. 그저 난감한 표정으로 "글쎄 그게 아니라니까요."라는 식이었다.

그들이라고 해서 100을 받아 적게는 156, 많게는 600까지 내주는 식으로 설계된 연금이 펑크 날 수밖에 없다는 것을 모를 리 없었다. 하지만 고갈이 현실화되기 전에 바로잡으면 될 텐데, 미리부터 국민에게 겁을 주고 정권에 부담을 줘서 좋을 게 무엇이냐는 식이었다.

그로부터 10년이 지난 지금, 국민연금이 고갈되지 않도록 제도를 뜯어고치는 일은 가장 중요한 국가적 과제 중 하나가 됐다. '고갈'이란 말만 나와도 고개를 가로젓던 정부는 이제 대놓고, 목청 높여 '고갈 우려'를 외치고 있다. 하도 많이 외쳐서 웬만한 사람은 "국민연금, 그거 이천사십 몇 년이면 고갈된다는데"라고 인식할 정도다. 지금 방식이 계속되면 2047년에는 연금적립금이 한 푼도 남지 않고 완전히 바닥난다는 게 정부의 공식 입장이다.

해법은 '더 걷어 덜 주기'뿐

적립금이 0이 되면 어떻게 하나. 선택 가능한 방법은 두 가지다. 연금 보험료를 꼬박꼬박 내온 노인들에게 "죄송합니다. 지금 와서 보니 드릴 돈이 없네요." 하고 파산 선언을 하든지, 아니면 젊은이들에게 "노인들에게 연금을 드려야 하니 보험료를 왕창 올려야겠네요."라고 양해를 구하는 것이다. 후자가 그해 지급할 연금액을 전액 그해 보험료에서 걷는 부과방식이다. 이를 이행하려면 젊은이들은 소득의 30%를 연금 보험료로 내야 한다.

두 방안 모두 시행하기는 어려울 것 같다. 그렇다면 마지막 남은 길이 있다. 국민들에게 "연금지급액 부족분을 정부 예산으로 채워드릴 테니 세금 왕창 올리겠습니다." 하고 말하는 것이다.

이런 불행한 사태를 예방하는 방법은 오직 하나뿐이다. 보험료는 더 많이 내고 연금은 더 적게 타는 구조로 국민연금법을 바꾸는 것이다.

그런데 왜 손을 못 대나. 한마디로 정부가 국민의 신뢰를 받지 못하기 때문이다. 이해찬 전 총리의 말처럼 애초부터 '국민을 사기 쳐서' 만들어놓고 여러 문제가 터질 때마다 쉬쉬해오다 이제 와서 어쩔 수 없다고 하면 누가 납득하겠는가. 국민으로부터 불만·불안·불신 3불(不)에 시달려온 국민연금 아닌가.

노무현 대통령은 올해 신년연설에서 "연금법 개정안이 국회에 간 지 2년이 넘도록 모두가 남의 일처럼 내버려두고 있다."고 개탄했다. 하지만 노 대통령 자신이 후보 시절 TV토론에서 불신을 가중시킨 발언을 한 바 있다. 당시 그는 "이회창 후보는 연금지급액을 40%로 깎아야 한다고 했지만 발상부터 잘못된 것"이라며 "연금문제는 경제 상황에 맞춰 넉넉할 땐 축적하고 모자랄 땐 세금에서 맞춰 가면 된다. 적어도 55~70%는 돼야 한다."고 말했다. 국회에 제출된 개정안은 연금지급액을 현행 60%에서

50%로, 최근 복지부가 제시한 수정안은 다시 40%로 깎는 안이다.

법 개정 앞서 국민에 사과를

지난 주말 한국언론재단이 마련한 국민연금 포럼에서 유시민 복지부 장관은 "올해 안에 반드시 연금 개혁을 이뤄내겠다."고 의지를 다졌다. 야당과 언론의 협조를 두 번 세 번 요청했다. 국민연금법이야말로 국민이 먹고사는 민생 법안인 만큼 개혁은 꼭 필요하다.

그런데 정부가 이런 협조를 요청하기에 앞서 공식적으로 국민에게 사과한 기억이 없다. 누군가 문책 당했다는 얘기도 들은 바 없다. 보험사가 당초 계약이 잘못됐다고 한마디 사과도 없이 약관을 일방적으로 고치려 든다면 용납할 수 있겠는가.

그렇다면 정부는 최소한 "그동안 거짓말을 했습니다. 이제 그 잘못을 인정하고 고치려 하니 용서해주십시오."라고 국민에게 빌어야 하는 것 아닌가. 개혁은 그 용서 위에서 이뤄져야 한다.

(경향신문 2006.06.20)

한 편의 고등어 소극(笑劇)

'한밤중에 목이 말라 냉장고를 열어보니~'로 시작하는 노래 '어머니와 고등어' 이후 최근처럼 고등어가 사람들 입에 오르내린 적은 없었던 것 같다. 고등어 구울 때 미세먼지가 많이 나온다는 정부 발표 이후 한바탕 '고등어 사태'가 벌어진 것이다.

환경부 발표의 요체는 밀폐된 실내에서 고등어를 구우면 초미세먼지(PM2.5)가 '매우 나쁨' 상태보다 22배 더 배출된다는 것이다. 고등어 구울 때 지글거리며 타오르는 먹음직스런 껍질 기름이 사실은 암을 유발하는 미세먼지라는 말이다. 전문가들의 연구 결과 나온 과학적 사실이라고 하지만, 난생처음 들어보는 말에 누구나 흠칫 놀랄 수밖에 없다.

여기까지는 사태라고 할 것도 없다. 대책 없는 발표로 불안을 부추긴 환경부의 무신경을 비판하면 그만이다. 문제는 그 다음부터다. 국민의 고등어 불안 심리가 언론의 분별없는 감성 보도와 결합하면서 엉뚱한 사태를 불러왔다는 점이다.

과학적 사실을 보도할 때 지켜야 할 수칙 중의 하나는 절제된 언어 사용이다. 과학적 데이터를 일상의 언어로 전달하는 과정에서 빚어질 수 있는 인식의 오류에 주의를 기울이는 일이다. 그런데 이번 고등어 보도에서 언론은 이런 과학 저널리즘의 기본 수칙을 무시했다. 과학 언어를 써야 할 곳에 한껏 감성을 자극하는 언어를 사용했고, 결과적으로 사태의 본질을 왜곡하는 우(愚)를 범했다.

애초 환경부의 발표는 '고등어구이＝미세먼지 유발'이었다. 그런데 이 과학적 사실이 어느 순간 언론에 의해 '고등어＝미세먼지의 주범'으로 둔갑해 버렸다. '유발'과 '주범'의 의미는 모래알과 모래사장(沙場) 만큼이나 다르다. 고등어구이에서 나오는 미세먼지가 전체 대기 중 미세먼지에서 차지하는 비중이란 극히 미미하다. 하지만 언론은 논평의 전제가 되는 기초 사실을 뒤집어 놓고 비판의 화살을 쏘아댔다.

과학 저널리즘의 기본 수칙 무시

"미세먼지가 고등어 때문이라니 소가 웃을 일", "잡으라는 미세먼지는 손 놓고 애꿎은 고등어 탓 한다", "죄 없는 고등어에 세금 물리려 하나"

때마침 시중에서 고등어 가격이 떨어지자 이 또한 미세먼지 때문이라고 몰아붙였다. 상품의 가격은 수요와 공급에 의해 결정된다. 수요가 줄거나, 공급이 늘어날 때 시장 가격은 떨어진다. 미세먼지로 인해 고등어 수요가 줄었고, 그래서 가격이 떨어졌다는 보도가 성립하려면 공급량에 변화가 없어야 한다. 그런데 알고 보니 환경부 발표를 전후해 금어기(禁漁期)가 끝나면서 공급량은 크게 늘었다고 한다. 고등어 수요가 줄기는커녕 소비가 되레 늘었다는 보도마저 나왔다. 어민들의 환경부 항의 방문까지 부른 고등어 사태가 한 편의 소극(笑劇)으로 끝나고 만 것이다.

돌이켜 생각해보면 미세먼지가 환경 이슈로 떠오른 것은 최근 일이다. 내가 90년대 초 환경담당 기자를 할 때 미세먼지는 주요 기사로 다뤄지지도 않았다. 그때는 문제가 없다가 최근 대기 상태가 나빠진 때문은 물론 아니다. 올해 들어 온 국민이 미세먼지에 관심을 갖게 된 것은 우리나라 미세먼지가 세계 꼴찌 수준이라는 미국 예일대 발표 때문이 아닐까 싶다.

그런데 이 또한 언론의 분별없는 보도에서 빚어진 인식의 오류일 가능성이 크다. 예일대 연구진이 발표한 환경성과 지수에 따르면 2016년 한국의 미세먼지(PM 2.5) 오염도는 180개국 중 174위다. 외국 도시를 여행하면서 숨 막힐 듯한 매연을 맡아본 사람이라면 고개를 갸웃거리지 않을 수 없는 순위다. 국립환경과학원 통계에 따르면 미세먼지 연평균 농도는 매년 조금씩 개선되는 추세다. 그런데 환경성과지수에서 매긴 우리나라 대기 질은 2012년 51위에서 2014년 166위로 널을 뛴다. 대기 질을 포함한 종합평가는 2006년부터 42위에서 51위로, 94위로 떨어졌다가 2012년과 14년엔 43위로 갑자기 껑충 오르더니 이번엔 80위로 다시 주저앉았다. 도대체 종잡을 수 없다.

종잡을 수 없는 환경성과지수

아주대 장재연 교수는 자신의 블로그에서 "예일대 보고서는 실측치가 아니라 인공위성 자료를 토대로 모델링에 의해 추정한 값으로 정확도나 합리성이 떨어진다."고 지적했다. 장 교수는 정부에 비판적인 시민단체인 환경운동연합의 공동대표다. 외국 대학의 발표보다 더 믿음이 간다. 언론이 이런 사람의 과학적 분석에 주목하기보다 힘없는 정부 부처 때리는 데열 올리는 것 같아 안타깝기만 하다.

(내일신문 2016.06.10)

환경부 장관은 작업복 안 입나

"농림부 장관은 스스로 각료라 생각 말고 농촌개혁 운동가라 생각해야 한다." 이명박 대통령이 장태평 농림수산식품부 장관에게 "왜 정장에 넥타이를 매느냐"고 지적하면서 한 말이다. 농림부 역할과 임무에 대해 이 대통령이 어떻게 생각하는지를 보여주는 한 단면이다. 이후 장 장관은 "대통령 말씀에 전적으로 공감해" 작업복으로 바꿔 입었고, 차관 이하 부하 직원과 산하 기관장들도 연쇄적으로 복장 고민에 빠졌다고 한다.

우스꽝스러운 복장 파동을 보면서 떠오르는 생각이 있다. 농림부 장관에게 농촌 운동가 정신을 요구한다면 환경부 장관이야말로 환경운동가처럼 일하라고 명령해야 하는 것 아닌가 하는 의문이다.

정부 부처가 하는 일은 정부조직법에 규정돼 있다. 환경부는 "자연환경과 생활환경의 보전 및 환경오염 방지에 관한 사무를 관장한다."고 이 법 34조에 나와 있다. 환경보전 및 오염방지가 환경부의 법적 임무인 셈이다. 이 임무를 수행하는 데는 두 가지 길이 있다. 더 나은 환경을 위해 필요한 조치를 취하는 적극적 행위와, 더 나빠지지 않도록 현 상태를 지키는 방어적 행위가 그것이다. 전자는 정부의 고유 기능이지만 후자는 환경운동가들과 함께 해도 좋다. 장관이 균형 감각만 잃지 않는다면 그 쪽이 더 효과적일 때도 많다.

환경보다 성장 독려한 대통령

이명박 정부 이전까지 환경부에도 운동가적 분위기가 강했다. 정부 내에서 반대 의견을 내다 힘이 달리면 여론에 직접 호소하고는 했다. 2007년 연안 지역 개발을 위한 특별법이 만들어질 때, 경기 이천의 하이닉스 구리공정 증설이 문제됐을 때 장관이 언론을 향해 도움을 요청한 게 그예다. 환경보전과 개발이 충돌한다는 식의 언론보도가 있으면 여론은 대개 환경 편을 들어주었고, 환경부는 이를 적절하게 활용한 셈이다.

만약 환경부가 이명박 정부 들어서도 자기 임무에 충실했다면 지난 1년 무척이나 바쁜 나날을 보냈어야 맞다. 온 나라가 녹색성장 구호로 뒤덮이는 데 가만히 뜯어보면 녹색은 안 보이고 성장만 강조되는 새로운 환경 위기의 국면이 펼쳐지고 있기 때문이다. 대규모 개발 사업이 가져올 환경파괴의 위험을 제어하면서 저탄소 녹색 아이디어를 정책으로 만들어내려면 하루 24시간도 모자랄 판이었다.

하지만 환경부는 그와 반대의 길을 걸었다. 마치 지금까지 쌓아 올린 탑을 일순간에 무너뜨리겠다고 작정이나 한 듯 자고 나면 하나씩 환경규제를 풀어줬다. 사전환경성 검토를 받지 않고 지을 수 있는 공장을 늘려주고, 상수원 입지 제한을 풀고, 자연공원 내 케이블카 설치를 허용했다. 환경부의 자기 부정이자 정체성 상실이라는 비판이 쏟아졌지만 귀담아 들으려 하지 않았다. "전 국토가 공사 현장처럼 보이게 건설의 망치소리가 들려야 한다."거나 "4대강 정비 사업은 준비되는 대로 전광석화처럼 시작해야 한다."는, 녹색과는 동떨어진 '속도전 언어'가 난무해도 환경부는 한마디 대응하는 법이 없었다. 환경부가 지자체나 개발부처의 사업에 제동을 걸어 갈등을 빚는 일은 어느덧 까마득한 옛일이 됐다.

환경부 직원들은 이런 상황을 어떻게 받아들이고 있을까. 얼마 전 소주

잔을 앞에 놓고 마주한 한 직원은 "적지 않은 기간 공무원 생활을 했지만 지금처럼 힘든 적은 없었다."고 털어놓았다. "내가 그린 그림(규제)을 나스스로 지워나가는 기분"이라는 말도 했다. 그렇게 뒷걸음질 치다 주변을 돌아보니 환경단체도, 언론도 보이지 않더라고 했다. 전통 우군이 사라진 고립무원의 상황에서 젊은 직원들은 "내가 이러자고 환경부에 들어왔나" 하는 자괴감을 느낀다고 했다.

"정장 벗고 녹색운동" 지적을

이명박 정부가 진정 녹색성장을 추구한다면 환경부의 무기력증부터 해소시켜 줘야 한다. 환경부 직원들이 자긍심을 잃고 영혼 없는 공무원으로 전락할 때 '녹색'과 '성장'의 조화와 균형은 불가능해지기 때문이다. 환경부에 활력을 심어주는 간단한 방법이 있다. 이 대통령이 장관의 복장을 지적하는 것이다. "환경부 장관은 녹색운동 하는 정신으로 일해야 한다. 왜 늘 넥타이를 매고 다니느냐"고 한마디만 하면 그날부로 달라지지 않을까.

(경향신문 2009.3.17)

대운하는 부활한다.

‘삼성 이건희 전 회장은 경영에서 손 떼지 않을 것이다.’

삼성 측에서 들으면 웬 뚱딴지 같은 소리? 하며 펄쩍 뛸 것이다. 아니 보통 사람의 귀에도 일고의 가치가 없는 난센스로 들릴 법하다. 이 전 회장은 석 달 전 "저는 오늘 삼성 회장직에서 물러납니다."라고 엄숙히 선언했고, 이후 약속한 사항들을 하나하나 실천해가고 있다. 진정성을 의심해야 할 아무런 합리적 이유가 없다.

‘폐기 아닌 중단’ 곳곳에 징후

그런데도 ‘설마 그럴 리가’ 하는 사람들이 있다. 이들이 최고경영자(CEO)라는 점에 주목해보자. 세계경영연구원이 삼성 발표 후 국내 CEO 105명에게 물어보니, 응답자의 69%는 이 전 회장이 경영에 영향력을 행사할 것, 12%는 적절한 시점이 되면 경영에 복귀할 것이라고 답했다. 기업을 경영해본 선수들끼리는 통하는 걸까. 위기상황에서 나온 언행이란 언제든 뒤집어질 수 있음을 체험으로 느끼고 있는 건지 모르겠다.

뜬금없이 이건희 전 회장 얘기를 꺼낸 것은 대운하의 운명이 어쩌면 이와 비슷할 것 같다는 생각이 들어서다. 이명박 대통령이 "국민이 반대하면 대운하를 추진하지 않겠다."고 밝힌 게 지난달 19일이다. 같은 날 국토해양부의 운하사업단 해체 발표가 나오면서 대통령의 그 말은 운하 포기 선언으로 받아 들여졌다. 언론은 '사실상 포기' 또는 '완전 폐기'라는 용어를 구분 없이 사용했고, 청와대는 이의를 제기하지 않았다. 운하반대 운동을 해온 시민단체들은 '운하, 국민의 힘으로 막아 냈습니다'라는 플래카드를 내걸고 승리의 기자회견을 가졌다. 운하는 종언을 고했고, 이명박 정부는 최대 악재를 떨쳐낸 듯 보였다.

그런데 여기에도 설마 하는 사람들이 있다. 이 대통령의 스타일과 속마음을 읽는 데 뛰어난 측근들이라는 점에 역시 주목할 필요가 있다. 강만수 기획재정부 장관은 운하에 대해 "과학적 전문적 그룹에서 검토한 뒤 그 의견을 국민에게 공개해 판단하도록 하자"고 했고, 안국포럼 7인방 중 한 명이라는 백성운 한나라당 의원은 "대운하는 폐기된 게 아니라 중단된 것"이라고 선을 그었다.

그러고 보니 대통령의 말은 '반대하면 안 한다'는 것이다. 이 말은 '찬성하면 한다'는 말처럼 동전의 양면과도 같다. 지금은 동전의 앞면을 얘기하지만, 상황에 따라 언제든 뒷면으로 뒤집어도 본질은 같은 것이다.

지금이라도 확실한 매듭짓길

운하가 살아있음을 보여주는 단초는 곳곳에서 눈에 띈다. 대구시는 얼마 전 낙동강 운하추진단을 낙동강 연안정비추진단으로 이름을 바꿔 치수사업을 계속하겠다고 밝혔다. 낙동강은 하천법상 중앙정부가 관리하는 국가하천이어서 지자체가 함부로 손댈 수 없다. 이를 모를 리 없는 대구시가 강 정비에 나서겠다는 것은 머지않아 운하가 재개될 수 있다고 본다는 뜻이다. 낙동강 운하 만들기를 목표로 내건 시민단체가 이달 들어 새로 생겨났고, 한반도 대운하 물길포럼이라는 사이트는 운하 지지 서명을 받고 있다. 청와대 홈페이지에는 '친환경 대운하 건설'이 주요 국정과제 중 하나로 여전히 올라 있다. 이 대통령 또한 충북도 업무보고 자리에서 "소득 3만~4만 달러가 되면 물길을 찾아오는 수상관광이 중점이 된다."고 말해 운하에 대한 강한 집착을 나타냈다.

이렇게 보면 상황은 명확해진다. 운하는 폐기된 게 아니라 중단되었을 뿐이라는 대통령 측근의 말 그대로다. 중단이란 재개를 염두에 둔 일시적 조치다. 시민단체는 동전의 앞면만 보고 성급히 샴페인을 터뜨린 것이다.

대운하는 지난 1년 이상 국토를 뜨겁게 달군 이슈다. 찬·반 양측 모두 책 몇 권 분량의 연구를 쏟아냈다. 대통령의 공약이 없었다면 들이지 않아도 되는 시간과 정력을 엄청나게 낭비한 셈이다. 그런 사안을 대통령의 애매한 말 한마디에 유야무야 넘어갈 수는 없다. 대선공약의 실패 사례를 백서로 펴내고, 주무부처인 국토해양부의 장관을 문책·경질해 확실히 매듭을 지어야 한다. 그런 절차가 없다면 운하는 언제든 부활할 수 있다. 촛불시위를 보며 '뼈저린 반성'을 했다더니 어느새 시위의 '무례와 무질서'를 비난하는 대통령 아닌가.

(경향신문 2008.7.15)

배를 산으로 보내는 경부운하

새해 아침 신문을 펼쳐 드니 연말 대선에서 누가 될 것인지 세간의 관심을 다룬 기사가 가득하다. 불확실성 변수가 남아있지만, 지금으로서는 이명박 전 서울시장을 선호하는 사람이 가장 많다고 각 신문의 여론조사는 전하고 있다. 그렇다면 이 전 시장이 정책공약 1호로 꼽는 한강과 낙동강을 잇는 경부운하는 정말 추진되는 걸까. 특정 정치인에 대한 개인적 호불호를 떠나 나의 우려와 관심은 여기에 있다.

꼭 13년 전인 1994년 이맘때 나는 신년특집 환경시리즈 기사를 작성하면서 연말에 다녀온 유럽 각국의 취재 현장을 하나씩 머릿속으로 불러내는 작업을 하고 있었다. 그중 한 곳이 경부운하 발상의 모델이 되었다는 라인 마인 도나우(RMD) 운하다. 지난해 10월 이 전 시장이 기자들과 함께 찾아 "보라, 유럽에서는 이렇게 잘하고 있지 않으냐"라고 한 바로 그곳이다. 나 역시 금세기 최대의 역사(役事)중 하나로 꼽히는 RMD 운하를 둘러보면서 자연환경 보전을 위해 엄청난 비용을 지불하는 독일인들의 환경 마인드에 감탄했던 기억이 새롭다. 산을 허무는 내륙운하는 태생적으로 환경 파괴적일 수밖에 없지만, 인간이 하기에 따라서는 생태계를 거의 살리고 경관도 원형에 가깝게 복원할 수 있다는 것을 RMD 운하는 실증적으로 보여줬기 때문이다. 불도저로 파헤쳐지는 구간의 식물 종자를 모아 식물원에 보냈다가 토목공사가 끝난 뒤 다시 그 자리에 심는다든지, 수로를 비대칭으로 하려고 하천에 일부러 굴곡을 주거나 인공섬을 만든다든지 하는 환경공법은 세계 환경전문가들조차 무릎을 칠 정도였다. 독일의 교통장관 하우프가 "바벨탑 이후 인류가 저지른 가장 무식한 공사"라고 혹평했음에도 끝내 완공될 수 있었던 것은 환경에 대한 이런 특별한 배려 때문일 것이다.

천문학적 비용들일 가치 있나

하지만 그 RMD 운하가 어느 날 한국에서 '불가능은 없다'는 개발신화의 전범(典範)으로 둔갑될 줄은 꿈에도 몰랐다. RMD 운하에서 경부운하의 착상을 얻었다는 이 전 시장은 '내륙운하', '한반도 대운하'로 용어를 바꾸면서 이슈를 선점해나가더니 급기야 "국운융성의 계기가 되고 한반도 재도약의 발판이 될 것"이라며 정치적 의미까지 부여했다.

경부운하가 어떤 연유로 국운융성을 가져다준다는 것인지 납득되지도 않지만, 보편적 상식과 이성을 가진 사람이라면 조령산맥에 25㎞ 터널을 뚫어 2500t급 바지선이 지나가는 수심 6m의 뱃길을 만든다는 발상 자체에도 선뜻 동의할 수 없을 것이다. RMD 운하처럼 다단계식 갑문을 만들어 배를 한 계단씩 끌어올리면 해발 100m가 아니라 400m 높이라 해도 못 넘을 것은 없으니 기술적으로는 얼마든지 가능하다. 하지만 문제는 돈이다. 이 전 시장은 17조 원 정도를 예상한다고 하지만, 일단 공사가 시작되면 얼마나 더 들어갈지 아무도 알 수 없다. 그렇게 천문학적인 돈을 쏟아 부어 운하를 개통해서 대체 어디에 써먹는단 말인가. RMD 운하는 유럽 대륙을 남북으로 관통하기 때문에 물류 동선을 단축하는 효과가 있지만, 삼면이 바다로 둘러싸인 우리나라는 연안을 따라가면 된다. 경부운하를 뚫겠다는 구간은 중부내륙고속도로와 거의 일치해 도로 여건도 나쁘지 않다. 군이 비싼 돈 들여 배를 산으로 보내야 할 이유가 없는 것이다.

갈등과 분열의 후유증 우려

경부운하의 문제는 이외에도 숱하게 많지만 가장 걱정스러운 것은 우리 사회를 갈등과 분열, 소모적 논쟁으로 몰고 갔던 그동안의 대형 국책사업과 닮은꼴로 진행된다는 점이다. 경부고속철도가 그랬고 새만금 간척사업, 행정수도 이전 사업이 그랬다. 대선국면에서 불쑥 던져진 공약이 지역주의와 결합해 '결사적으로 추진한다'는 세력이 생겨나고 그 다음엔 누구도 어쩌지 못하는 국책사업으로 진행돼 훗날 두고두고 후유증을 앓는 것이다. 경부운하를 놓고도 대구에서 이미 대구·경북 추진운동본부가 생겨났고, 밀양과 문경·예천지역에서도 추진위원회가 발족하는 등 조짐이 심상찮다. 이대로 가다간 1년 뒤쯤 한반도 대운하 추진위원회 같은 정부 기구가 설립되고 또 한 번의 논란 많은 국책사업이 강행될지 모르겠다. 경부운하의 타당성에 대한 전문가들의 총체적 검증이 필요한 때다.

(경향신문 2007.01.02)

탄소중립의 시대

　'루퍼트 머독과 힐러리 클린턴', '구글과 HSBC 은행', '뉴질랜드와 코스타리카'.

　월스트리트저널을 인수한 상업주의 언론재벌 총수와 미 민주당의 유력 대선후보, 세계 1위의 검색엔진 기업과 자기자본 1위의 은행, 남태평양의 청정국가와 중미의 소국이다. 동질적 요소라고는 눈을 씻고 보아도 없을 것 같은 이들 집단 사이에 요즘 공통점이 하나 생겼다. 이들이 인류 역사상 초유의 실험인 탄소중립(carbon neutral) 운동의 선봉에 선 것이다.

　탄소중립이란 생활 속에서 이산화탄소의 배출을 최대한 줄이고, 그래도 발생한 탄소는 이를 흡수할 나무를 심거나 그에 필요한 돈을 지불해 실질 배출량을 0으로 만든다는 개념이다. 일부 전문가를 빼면 우리나라에선 생경한 용어지만, 미국과 유럽에서는 친숙한 용어다. 옥스퍼드 사전이 2006년 올해의 단어로 이 말을 선정할 정도로 사회적 화두가 된 개념이다.

　탄소를 배출하는 화석연료는 현대 문명생활에서 없어서는 안 될 필수재료다. 비행기는 물론 자동차를 타도, 냉장고 문을 열거나 TV만 보아도 에너지는 소모된다. 눈만 뜨면, 아니 눈 감고 잠들어 있는 순간에도 탄소는 배출되는 것이다. 그런데 이런 탄소의 실질배출량을 0으로 만들겠다니 그 발상에 놀라지 않을 수 없다. 힐러리는 이번 선거운동을 탄소중립형으로 진행하겠다고 밝혔고, 구글은 올해 안에 회사 차원에서 탄소중립을 달성하겠다고 발표했다.

탄소 배출량만큼 산림 등 조성

국민소득 1만 2000달러로 경제 규모가 만만치 않은 코스타리카는 2030년까지 국가 전체의 실질배출량을 0으로 만들겠다는 야심찬 계획을 공표했다. 편의상 이들만 예로 들었을 뿐 탄소중립을 선언한 개인과 집단은 이외에도 물론 많다. 야후, 펩시, 나이키 등 기업과 아부다비, 미 메인대 등 도시와 대학에 이르기까지 날이 갈수록 늘고 있다. 탄소중립이 친환경의 대명사처럼 되면서 이를 실천하지 않으면 동시대인에게 주어진 사회적 책무를 외면하는 것으로 간주되는 분위기마저 느껴진다.

구체적으로 어떻게 한다는 걸까. 바티칸은 탄소배출량에 상응하는 삼림을 헝가리에 조성해 중립을 달성하고, 코스타리카는 휘발유에 부과한 세금을 나무와 숲 보호에 지출함으로써 탄소중립을 실천한다. 아부다비는 2009년까지 마스다르라는 무탄소 도시를 건설해 풍력과 태양력, 지열로 전력을 생산하고 시내 차량운행을 금지한다는 급진적 계획을 세워놓고 있다.

손쉬운 방법은 돈으로 해결하는 것이다. 개인이든 단체든 자신이 배출한 이산화탄소를 돈으로 환산해 지불하고 여기서 모인 돈을 삼림 조성 및 대체에너지 연구 등의 사업에 쓰는 것이다. 예컨대 힐러리가 시애틀에서 선거모금행사를 가졌다면, 뉴욕에서 시애틀까지 간 비행거리와 행사에 참가한 인원수, 이들의 이동수단 등을 감안해 탄소배출량을 계산한 뒤 그에 상응하는 돈을 배출권 중개업체에 지불해 배출량을 상쇄(offset)하는 식이다.

이렇게 상쇄 시장에 나오는 돈이 자그마치 연간 8억 달러(7500억 원)에 이른다. 그러다보니 이 돈을 노린 중개업체가 난립해 돈을 떼어먹기도 하는 등 부작용도 발생한다. 여기에 탄소중립이 온실가스 배출량은 그대로 둔 채 배출 행위에 면죄부만 주는 것이라는 비판이 갈수록 거세게 나온다. 네덜란드의 한 시민단체는 탄소중립을 '신화'(myth)라 칭하며 "이는 단지 마음의 평화를 사고파는 위장 사기극"이라고 혹평했다. 탄소배출량을 정확히 산출하는 게 불가능에 가깝다보니, 탄소 1t의 상쇄 가격이 중개업체에 따라 천차만별인 것도 사실이다.

온실가스 감축 운동 동참을

하지만 이런 논란에도 불구하고 탄소중립이란 화두는 여전히 대세다. 문제가 있다는 것은 환경주의자들도 인정하지만, 현실적으로 마땅한 대안이 없기 때문이다. 중개업체의 상술을 감시 감독하고, 탄소 배출을 사후 돈으로 상쇄하기보다 사전에 최대한 억제하는 데 운동의 초점을 두는 쪽으로 정리되어 가는 분위기다.

우리에게 지구온난화는 남의 나라 얘기다. 알프스의 빙하가 녹아내리고, 한반도 기후가 아열대성으로 바뀐다 해도 그게 내가 방출한 온실가스 때문이라는 책임의식이 없다. 하지만 언제까지 그런 배짱이 통할 수는 없다. 5년 뒤면 우리도 온실가스 의무감축국이 될 판이다. 탄소중립형 생활에 적응해야 할 날이 멀지 않았다.

(경향신문 2007.8.14)

'네이버 신문'만 남는다

한국의 언론 현실

'네이버 신문'만 남는다

'신문기사 읽기'라는 교양 수업을 진행하면서 첫 시간에 "현재 우리나라에서 발행되고 있는 신문을 아는 대로 써보라"는 설문을 내준다. 학생들의 신문에 대한 친밀도가 어느 정도인지 알아보기 위한 설문이다.

단지 아는 신문 이름을 말해보라는 문항인데도 적지 않은 학생들이 꽤 어려워한다. 한참 동안 머리를 쥐어짜 기억해 내는 신문 브랜드가 대개 2개 아니면 3개다. 4개 이상 적어내는 학생은 3분의 1밖에 안 된다. 일부는 존재하지도 않는 신문을 적거나, 단 하나도 적지 못한다. "모르겠습니다."라고 솔직하게 응답하는 학생도 있다.

왜 이렇게 되었을까. 학생들의 응답에 일단의 진실이 들어있는 것 같다. 뉴스 소비가 포털 중심으로 바뀌면서 사람들은 자신이 보는 뉴스가 어느 언론사에서 생산한 것인지 따져보지 않게 됐다. 저작자가 누군지 묻지 않고 그저 포털을 통해 소비할 뿐이다. 네이버가 뉴스 서비스를 시작한 게 2000년이니, 지금 20대 젊은이들은 이런 소비 관행에 익숙하다. 이들에게 '조중동경한' 같은 신문 브랜드는 머릿속에 점점 희미해져 간다. 실제 몇몇 학생은 위 설문에 '네이버 신문', '모바일 신문'이라고 적었다. 이들은 '네이버 신문'이라는 제호의 신문이 실존하는 것으로 오인하는 것이다.

'네이버 신문'이란 얼핏 놀라운 얘기 같지만 따지고 보면 상식적인 발상이다. 한국의 뉴스 이용자 10명 중 8명은 포털, 그중에서도 거의 네이버에 의존한다. 네이버는 PC와 모바일 모두 뉴스를 주요 상품으로 취급한다. 서비스 방식에 있어 PC에서는 인링크와 아웃링크를 병행하고, 모바일에 선 100% 인링크로 처리하는 차이가 있을 뿐이다.

뉴스 이용자 80% 네이버 등 포털에 의존

아웃링크는 뉴스를 클릭하면 해당 언론사 사이트로 이동하는 방식이어서 개별 언론사의 독립성이 어느 정도 지켜질 수 있다. 하지만, 인링크는 언론사에서 제공받은 뉴스를 네이버가 편집하고 네이버 사이트에서 보여주는 방식이어서 온전히 네이버 뉴스가 된다. 해당 뉴스를 생산한 언론사는 편집에 간여할 권한도, 여지도 없다. 인링크에서 어떤 뉴스에 얼마나 많은 사람이 관심을 보였는지 알 수도 없다. 네이버가 이용자 정보를 주지 않기 때문이다.

네이버는 인링크에서 특정 뉴스를 모바일 화면 상단에 배치하는 편집권을 행사한다. 언론사에서 제공한 숱한 뉴스 중에서 왜 그것을 선택했는지는 네이버만 안다. 네이버가 선택한 뉴스는 엄청난 사람들의 일제 클릭이 이뤄지면서 순식간에 쟁점이 되고 사회적 이슈가 된다. 네이버가 뉴스를 선별하고, 편집하고, 노출함으로써 의제를 설정하고 이슈 프레이밍하는 것이다. 이런 걸 언론의 고유 기능이라고 한다.

문화체육관광부 여론집중도 조사위원회는 네이버를 매체합산 영향력 순위에서 부동의 1위로 꼽고 있다. 지상파 채널을 두 개나 가진 KBS보다 네이버 영향력이 훨씬 크다고 본다. 서울고등법원은 네이버의 인링크 서비스가 취재행위와 유사하다며 네이버를 취재·편집·배포 기능을 두루 갖춘 '언론매체'에 해당한다고 10년 전 판결했다.

인링크와 아웃링크가 무엇인지 알 수 없는 일반 국민의 눈에도 네이버는 당연히 언론이다. 그것도 신문 중의 신문, 언론 위의 언론으로 인식한다. 현재 발행되는 신문을 다 합친 것보다 네이버의 힘이 더 세다. 오죽하면 신문협회가 "국내 온라인 뉴스 시장에는 '네이버 신문'과 '카카오 일보' 두 개만 존재하는 형국"이라고 했을까.

여론조작 온상이 되도록 방치해서야

그런데도 네이버는 자신이 언론이 아니라고 주장한다. 현행법상 언론으로 분류되지도 않는다. 저널리즘 차원의 법적·사회적 책무를 조금도 지지 않는다. 언론사에 단기 고용된 대학생 인턴기자에게 적용되는 김영란법마저 네이버는 대상에서 제외돼 있다.

오늘날 뉴스 생태계가 망가진 배경에는 뉴스 시장을 독점하면서 여론조작의 온상이 되도록 방치해 온 네이버가 있다. 네이버의 지위와 정체를 바로 잡지 않고는 생태계 회복이 불가능하다. 이제 네이버는 둘 중 하나를 선택해야 한다. 모든 뉴스 서비스를 아웃링크로 전환하든가, 언론으로서 사회적 책임을 다하든가. 언론도 이참에 네이버 예속에서 벗어나 자생력을 키우길 간절히 바란다. 지금처럼 네이버가 던져주는 사탕 맛에 빠져 있다 보면 멀지 않아 '네이버 신문'만 남고 다른 모든 신문 브랜드는 잊힐 수도 있다.

(내일신문 2018.05.15)

가까이 하기엔 너무 먼 신문

4월 7일 신문의 날을 앞두고 '가장 좋은 적금, 신문 읽는 지금'이라는 표어가 선정됐다는 뉴스가 나오자 대기업 홍보실에서 수십 년간 신문을 보아온 어느 전직 임원이 페이스북에 짧은 유감의 글을 올렸다. "무슨 말인지는 알겠는데 표현이 좀 아날로그적이어서…"

이를 본 전 현직 신문기자들이 줄줄이 호응하는 댓글을 달았다. "공감 100배입니다.", "적금이라, 매우 근면한 70년대 가치가 담겼네요.", "신문협회 시간은 거꾸로 간다." 등등.

신문의 날 표어가 무슨 대단한 사회적 파급력을 지닌 것이 아니다. 연례행사 정도에 불과한 표어 하나를 놓고 공연히 트집 잡거나 너무 진지할 필요는 없다. 다만 표어를 선정한 주체가 신문협회라는 점이 마음에 걸린다.

신문 찍어내는 최고책임자들이 여전히 '한 푼 두 푼 모아 목돈 마련' 하는 식의 구시대적 마인드에 젖어있다는 사실이 오늘날 신문의 위기를 상징적으로 보여주는 것 아닌가 하는 생각에서다.

대학에서 '신문기사 읽기'라는 교양수업을 하면서 늘 첫 시간 설문조사를 통해 "신문 하면 떠오르는 이미지는?"이라고 물어본다. 가장 많이 나오는 답은 "딱딱함"이다. 이어 "읽기 어렵다.", "왠지 유식해 보임", "진지함, 비판적" 같은 말이나, "아버지 세대", "어른들이 보던 것", "어릴 적 아침마다 화장실 가는 아버지가 들고 가던 것"이라고 구체적 이미지를 떠올리기도 한다. 한 마디로 이들에게 신문은 "딱딱하고 어려운 구시대 유물" 같은 것이다. 신문 수업을 수강 신청할 만큼 관심이 조금씩은 있다고 하는 학생들조차 이렇다.

대학생들이 신문을 어렵게 느끼는 정도는 신문 만드는 사람들이 짐작하는 것 이상이다. 흔히 신문은 중학교 3학년 정도의 교육수준을 가진 독자가 이해할 수 있도록 만들라고 한다. 초년병 신문 기자들에게 선배 기자들이 가장 많이 하는 말이 "기사 쉽게 쓰라"는 것이다.

'딱딱하고 어려운 구시대 유물'

그런데 지금 신문을 보면 중3은커녕 대학 3년생들조차 이해하기 힘든 표현과 내용이 많다. 제목부터 한자어다. 신문 만드는 사람은 글자 수에 맞춰 내용 압축을 하려면 한자어 사용이 불가피하다고 여길지 모르겠다. 하지만 대학생들은 한자를 배우지 않았기에 당연히 한자어를 낯설어한다. 예를 들어 '본 회의에 부의', '이마트 미 베벌리힐스 등 출점 검토' 같은 제목을 보면 고개를 갸우뚱거릴 수밖에 없다.

더 고통스러운 것은 한자어가 아니라 아예 한자가 쓰인 경우다. 지금 대학생들은 자기 학교 이름이나, 부모 이름을 한자로 쓰는 것도 어려워한다. 그런데 몇몇 유력 신문은 '殉敎'(순교), '義賊'(의적), '火葬'(화장), 憲裁(헌재) 같은 한자를 한글 표기 없이 제목에 그냥 쓴다. '한미 FTA 개정협상 消火栓 활용을', '美 核潛에 참수작전 특수부대원 탑승'이라고 단 제목도 보인다. 1면 머리기사 제목을 '南北美 정상회담 통해 終戰 선언 추진'이라고 붙인 신문도 있다. 이쯤 되면 신문은 대학생에게 '가까이 하기엔 너무 먼 당신'이 된다.

젊은이들이 한자를 못 읽는 것은 그들 책임이 아니다. 정규 교육에서 가

르치지 않았으니 모르는 것은 당연하다. 그런데도 어려운 한자를 남발하는 것은 미국 유학 다녀온 사람이 한국에만 살아온 친구에게 왜 그깟 영어도 못 하느냐고 면박 주는 것과 다를 바 없다. 무례하고 부당한 언어폭력이다.

만약 이들 신문이 "한자 모르는 사람은 우리 신문 보지 않아도 좋다."는 정책을 갖고 있다면 할 말은 없다. 이는 독자가 신문을 외면하는 게 아니라, 신문이 독자를 내치겠다는 뜻이기 때문이다.

젊은이들이 한자 모르는 건 당연한 일

호주의 미래학자 도슨은 한국에서 종이신문이 2026년에 소멸될 것으로 전망한 바 있다. 이 학자의 전망은 다른 예측에서 이미 빗나가는 등 정확하다고 할 수 없다. 하지만 국내 신문들이 지금과 같은 무차별적 한자 정책을 고수한다면, 멀지 않아 신문은 저절로 수명을 다하게 된다. 한자를 모르는 지금의 젊은 층이 중년으로 접어들고, 한자에 익숙한 지금의 중장년층이 세상을 떠나는 시기가 올 것이기 때문이다. 그렇게 되면 지금 독자수가 아무리 많은 신문이라도 버틸 여력이 없다. 디지털 미디어 시대, 끊임없는 혁신을 꾀해도 모자랄 신문들이 아날로그 시대의 권위적 사고 틀에 갇혀 독자를 경시한다면 미래는 암울하다는 얘기다.

(내일신문 2018.03.29)

보도지침은 칠판에 적지 않았다

영화 〈1987〉을 학생 몇몇과 같이 봤다. 6월 항쟁을 말로만 들어왔을 세대에게 당시 시대상을 눈으로 보고 느낄 수 있게 해주고 싶어서였다. 영화관을 나와 각자의 소감을 나누는 집담회를 하라고 시켰더니 언론학과 학생들이어서 그런지 보도지침 장면을 이야기한다. 동아일보 사회부장이 칠판에 적힌 보도지침을 지우개로 빡빡 지우며 후배 기자들에게 소리쳐 지시하는 바로 그 장면이다. "경찰이 고문해서 대학생이 죽었는데 보도지침이 대수야? 앞뒤 재지 말고 들이박아!"

보는 이의 가슴을 후련하게 뚫어주는 이 한 마디는 영화의 인기를 높여준 명대사 중 하나로 꼽힌다. 여기 저기 올라온 관람후기를 보아도 이 장면은 빠짐없이 언급된다. 그만큼 인상적인 것이다.

그런데 유감스럽게도 이 장면은 사실과 다르다. 당시 보도지침은 칠판에 적혀 있지 않았다. 모든 기자들이 다 볼 수 있도록 공개된 것이 아니었다.

보도지침이 칠판에 적혀 있든 아니든 권력의 언론 탄압이라는 본질은 달라지지 않는다. 칠판과 지우개는 극적 상황을 연출하기 위해 동원한 소도구로 볼 수 있다.

하지만 보도지침이 칠판에 적혀 있었다고 하면 보도지침을 들이받는 행위의 의미는 상당 부분 퇴색한다. 보도지침은 당시 권력이 언론에 내린 비밀지령이다. 무슨 기사는 어느 면에 어떻게 쓰고, 쓰지 말라는 식의 내용이다.

몇 가지만 예를 들면, "김대중 사진은 쓰지 말 것", "고문 관계는 오늘도 일체 쓰지 말 것", "검찰 발표 내용만 쓸 것", "부천서 성고문 사건은 부천 사건이라 쓸 것", "사회면 하단에서 취급할 것", "제목에 호헌, 개헌은 넣지 말 것" 따위다.

아무리 무소불위의 정권이라 해도 이런 내용을 법령 공포하듯이 공개 게시할 수는 없다. 그것은 언론의 존재이유를 정면으로 부정하는 것이다.

권력이 언론에 내린 비밀지령

그런 주문이 공공연하게 내려온다면 기자들 또한 침묵할 리 없다. 때문에 권부의 압력은 소수의 간부에게 은밀하게 전해진다. 당시 보도지침은 문화공보부 홍보조정실이란 곳에서 언론사 편집 보도 책임자에게 매일 전화를 걸어 하달했다. 편집국장은 '가', '불가', '절대 불가'로 분류되어 내려오는 보도지침을 나름대로 '절대 수용' 또는 '수용' 하거나, 때로는 '불수용' 하곤 했다. '절대불가'로 내려온 사건을 보도하려면 목을 내놓을 각오를 해야 했다.

이 지침을 언론이 얼마나 따랐는지 훗날 학자들이 조사해보았더니 평균 이행률이 77.8%로 나왔다. 하지만 당시 기자들은 무언가 있다는 걸 눈치로 짐작할 수만 있었을 뿐, 커튼 뒤에서 오가는 보도지침의 존재를 전혀 알 수 없었다.

언론 통제의 실상이 세상에 드러난 것은 남다른 용기와 지혜를 가진 젊은 기자에 의해서다. 한국일보 김주언 기자는 편집국장이 어디선가 걸려오는 전화를 받을 때마다 메모하는 것을 보고 무언가를 직감한다. 이후 김 기자는 야근할 때마다 서랍 속에 감춰진 그 메모를 찾아내 몰래 복사해 두었다가 10개월 치 문건을 모아 월간지에 폭로한다.

이게 보도지침 사건이다. 김 기자는 이 일로 감옥에 끌려갔지만, 그가 밝힌 진실은 6월 항쟁의 도화선이 되어 이 나라 민주화에 결정적으로 기여했다. 영화 〈1987〉이 제작진 설명처럼 '6월 항쟁을 바탕으로 한 99% 실화'라고 한다면, 보도지침 사건이야말로 무엇보다 중요한 이 영화의 배경인 셈이다.

많은 사람의 헌신과 희생 보여줘

이렇게 보면 '칠판 보도지침'은 아무래도 부적절하다. 칠판에 쓰인 글씨를 지우개로 빡빡 지울 때 박진감은 넘쳐 보이지만, 당시 사정을 알 리 없는 사람들에게 그것은 순간의 시원함 이상의 의미를 담을 수 없다. 그 보도지침이 어떻게 세상에 나왔고, 그 지침을 '들이박는' 행위가 1987년 역사에서 어떤 의미를 갖는지 '칠판'으로는 설명이 잘 안 된다.

기자들이 사내에 공개 게시된 보도지침을 두 눈 뜨고 보면서도 '들이박아'라는 부장 지시가 있을 때까지 저항 한 번 하지 못한 것처럼 잘못 비쳐질 수도 있다.

영화는 1987년이 민주화 원년으로 불리기까지 많은 이들의 헌신과 희생이 있었음을 감동적으로 보여준다. 일신의 위험을 무릅쓰고 불의에 맞선 검사, 의사, 교도관, 기자, 성직자, 민주화운동가, 그리고 이한열과 연희 같은 대학생이 그들이다. 여기에 보태자면 보도지침의 진실을 밝힌 다른 기자도 있다. 집담회를 갖는 학생들에게 〈1987〉의 숨은 주인공들을 기억하기를 당부했다.

(내일신문 2018.01.26)

문재인 정부 비판하면 기레기인가?

중국 경호원들의 한국 기자 집단폭행 사건과 관련해 국내에서 벌어지는 논란을 지켜보던 중 조기숙 이화여대 교수의 사과 글이 눈에 오롯이 들어왔다. 조 교수는 중국 경호원들의 기자 폭행을 '정당방위'일 수도 있다는 취지로 글을 올렸다가 비난이 일자 하루 만에 공개 사과했다. "기자가 집단 폭행을 당했다는 사실을 모르고 발언해 사과드린다."며 잘못을 깨끗이 인정한 것이다. 여기까지는 특별히 이상할 게 없다. 내 눈을 사로잡은 것은 사과문의 다음 대목이다.

"이번 사건에 대해 인터넷에선 기자들이 잘 얻어맞았다는 여론이 일방적이어서 설마 집단폭행을 당했으리라고는 상상도 하지 못했습니다. SNS에 의지해 사실에 근접했는데 이번에 실수를 하니 저도 당혹스럽습니다."

조 교수는 노무현 정부에서 청와대 홍보수석을 지냈다. 홍보수석이란 언론과 소통하는 일을 주요 업무로 하는 자리다. 언론에 직접 몸담지 않았어도 언론의 속성과 기능을 누구보다 잘 아는 이다. 게다가 그는 문재인 정부 출범을 전후해 고비 고비마다 언론의 프레임 보도를 분석하며 일갈을 날려 온 적극적 문재인 지지자다. 현 정부에서 어떤 직책을 맡고 있지는 않지만 언론을 보는 문 정부의 태도와 궤를 같이 한다고 보아야 한다.

그런 중요 인사가 뉴스 이용을 10년째 신문 방송이 아닌 사회관계망서비스(SNS)에 의존한다고 밝혔다. SNS 상의 여론은 철썩 같이 믿으면서 전통 언론의 보도는 철저히 불신한다는 소신이다. 30년 신문기자 생활을 했고, 지금도 대학에서 언론에 대해 이러쿵저러쿵 얘기하는 교수로서 놀랍고 아픈 이야기다. 우리 언론의 위상이 어쩌다 이렇게까지 추락했나 하는 씁쓸한 심정을 감출 수 없다.

신문 방송 아닌 SNS에 뉴스 의존

조 교수의 시각은 물론 다분히 정파적이다. 그가 언론 보도, 즉 신문과 방송의 뉴스를 보지도, 믿지도 않게 된 이유는 간단하다. 보수언론 뿐만 아니라 진보언론들도 노무현 정부와 문재인 정부를 공격한다고 보기 때문이다.

그는 신문 방송을 보지 않는다고 하면서 한편으로는 언론이 이번 방중 보도에서 "홀대론, 혼밥 등의 가십성 기사로 지면을 덮었다."는 모순된 주장을 한다. 또 언론을 향해 "문재인 대통령이 혼밥을 통해서라도 지키려고 한 국가이익이 무엇인지에 대한 심도 있는 기사가 있었는가."라며 준엄하게 꾸짖기도 한다. 이런 시각에서 보면 노무현·문재인 정부에 비판적인 언론은 모두 기레기(기자+쓰레기)일 뿐이다. 조 교수의 이 같은 언론관에 당연히 동의할 수 없다.

이와 별도로 이번 일은 언론의 존재 이유에 대해 근본적인 질문을 던져준다. 지금까지 언론 고유의 영역이었던 팩트 전달 기능이 어느덧 SNS로 넘어가면서 언론 불신을 심화시키고 있기 때문이다.

SNS를 통한 뉴스 이용은 필연적으로 뉴스의 편향성을 가져온다. SNS로 연결되어 있는 세상에선 비슷한 부류의 사람끼리 비슷한 정보를 주고받게 된다. 자신이 좋아하는 뉴스, 믿고 싶은 정보를 전파하고 공유하다 보면 어느새 보고 싶어 하는 것만 선택적으로 보는 편향에 빠지게 된다.

기자를 기레기로 여기는 사람들 눈에는 어떤 경우에도 기자가 억울한 피해자가 될 수 없다. 외부 세력에 두들겨 맞았다면 맞을 만한 원인을 제공했을 것이란 상황 논리를 어떻게 해서든 찾아내려 한다. 최순실 태블릿 PC 조작설을 믿는 사람들의 눈에는 조작 흔적이 없다는 국립과학수사연구소의 결론이나 검찰 발표가 도대체 들어오지 않는 것과 같은 이치다.

'탄핵' 이끌어낸 주역은 언론이었는데

올해 나온 디지털 뉴스리포트 2017 보고서에 보면 SNS를 통한 뉴스이용은 외국에선 이미 꽤나 보편화해 있다. 우리나라도 따라가는 추세다. 반면 뉴스에 대한 신뢰도는 미국·유럽·일본을 포함한 36개국 중 우리나라가 꼴찌다. 세계에서 가장 뉴스를 믿지 않는 나라가 우리나라인 것이다. 뉴스를 믿지 않는 것은 기자를 믿지 않는다는 얘기고, 기자를 믿지 않는 것은 언론을 믿지 않는다는 얘기다.

지난해 최순실 국정농단사태를 파헤쳐 현직 대통령을 파면에 이르게 한 주역은 언론이다. 베일에 가려있는 권력의 이면을 고고샅샅 들춰낸 언론이 아니었다면 오늘날 민주 정부는 탄생하지 못했을 수도 있다.

국민의 신뢰가 하늘을 찌를 것만 같던 언론이 불과 1년 만에 다시 기레기 소리를 듣게 된 상황이 못내 유감스럽다.

(내일신문 2017.12.19)

홍길동을 홍길동이라
부르지 못하는 언론

지난 추석 연휴 해외에서 날아든 사건 하나가 한동안 인터넷을 달구었다. 괌으로 휴가를 떠난 한국인 부부가 잠자는 두 아이를 차에 두고 쇼핑하러 갔다가 경찰에 체포돼 벌금형을 받았다는 소식이다. 연휴 기간이어서 달리 큰 뉴스가 없는 때이기도 했지만 사건의 성격상 네티즌들이 흥분하기에 딱 좋은 뉴스여서 여론 재판이 뜨겁게 전개됐다.

한국인이 외국에서 나쁜 일로 언론에 보도되었을 때 공식처럼 나오는 프레임, "나라 망신시켰다."는 비난이 어김없이 나왔다. 특히 부부 중 남편은 국내 최고 로펌의 변호사이고 부인은 판사라는 점에서 여론의 질책은 매서웠다. 법을 다루는 엘리트라면서 미국 법에 대한 기초 상식조차 없느냐는 것이다.

언론인의 눈으로 보면, 사건은 다른 측면에서 도드라진다. 언론에 주어진 보도의 자유가 한국과 미국 사이에 큰 차이가 있다는 사실이 이번 사건을 통해 분명히 드러났기 때문이다.

국내 언론을 보면 판사와 변호사라는 직업은 나와 있지만 이름은 A씨 B씨 하는 식으로 익명 처리돼 있다. 얼굴 사진은 철저히 모자이크 처리돼 누군지 알 수 없다. 다만 국내 언론은 이들이 괌 경찰에 체포되었을 때 범인 식별용 얼굴 사진인 머그샷을 찍었고, 이 사진이 미국 언론에 공개됐다는 내용을 전했다. 누군지 알고 싶으면 미국 언론을 찾아보라고 귀띔해준 셈이다.

실제 괌 현지 매체는 이들 부부의 실명과 머그샷은 물론 이들이 경찰 출동 사실을 알고 마트에서 황급히 뛰어나오는 모습을 담은 동영상까지 생생하게 보도했다. 미국에선 머그샷이 정보자유법에 따라 공개 정보로 분류돼 있고, 범죄혐의자에 대한 실명 보도도 자유롭다. 마이크로소프트 설립자인 빌 게이츠가 21살 때 교통법규 위반으로 체포돼 찍은 머그샷이 지금도 인터넷에 떠 있다.

괌 현지매체들은 동영상까지 보도

인터넷에는 국경이 없다. 발 빠른 네티즌들이 괌 경찰에 연행된 이들의 신원을 파악해 신상 털기에 나서는 것은 누워서 떡 먹기만큼이나 쉬운 일이었다. 한국의 뉴스 수용자 대부분은 얼마 지나지 않아 이들 부부의 얼굴을 볼 수 있게 됐다. 이렇게 세상이 다 아는 상황에서도 국내 언론은 끝까지 홍길동을 홍길동이라 부르지 못했으니 오죽 답답했을까 싶다.

국내 언론의 이 같은 보도 태도는 언론법규 때문이다. 대법원 판례에 따르면 범죄 피의자에 대한 실명 보도는 원칙적으로 금지돼 있다. '어금니 아빠'처럼 잔인하고 중대한 범죄 피의자로 인정돼 경찰이 신상을 공개하는 경우가 예외적으로 있긴 하다. 그러나 일반적으로는 "공적 인물이 아닌 이상 범인이나 범죄 혐의자의 신원을 명시하는 보도는 공공성을 가진다고 볼 수 없다."는 내용의 대법원 판례를 준수해야 한다. 이 판례가 나온 1998년 7월 이후 일반인에 대한 실명과 초상 보도는 국내 언론에서 거의 사라졌다.

사실 보도를 형사처벌의 대상으로 삼는 법도 존재한다. 형법 307조 1항은 "공연히 사실을 적시하여 사람의 명예를 훼손한 자"에 대해 처벌하도록 규정하고 있다. 한국인 판사가 미국 사법당국에 체포된 사실은 그 판사의 사회적 평판(명예)을 떨어뜨리는 내용이다. 그러므로 이 사실을 적시(보도)하는 것은 위법 행위다. 보도가 공공의 이익에 관한 것일 때 책임을 면해주는 규정이 있지만, 문제는 대법원 판례로 다시 돌아온다. 공인이 아닌 한 범죄자의 신원과 얼굴 보도는 공공성을 인정받을 수 없기 때문이다. 결국 A 판사가 공인으로 인정되지 않는 이상 실명과 초상 보도는 위법하다는 결론에 이른다.

연예인이었다면 실명보도 가능성

만약 괌 사건의 당사자가 유명 연예인이었다면 어땠을까? 국내 언론은 큰 고민 없이 머그샷을 싣고 실명 보도를 했을 가능성이 크다. 유명 연예인은 대중에 미치는 영향이 크다는 이유에서 공인으로 간주되고, 공인의 실명 보도는 면책되기 때문이다.

공인(公人)이라고 하면 공직자 또는 국가 사회에 영향을 미치는 사람을 뜻한다. 두 부류 모두 공적 업무를 수행한다는 점에서 언론의 자유로운 보도 대상이 되어야 마땅하다. 그런데 지금의 법 현실은 아주 높은 직급의 공직자가 아닌 한 공인으로 인정되지 않는다. 공직자의 위법 행위를 눈으로 보면서도 언론은 사실 보도를 할 수 없다. 이것이 우리가 원하는 공정 사회인가. 괌 사건은 민주주의의 근본에 대해 다시 한 번 생각하게 만든다.

(내일신문 2017.10.16)

종편 금기 누가 풀었나

TV 채널을 돌리다 무심코 15~20번에 멈추게 되면 나도 모르게 흠칫 놀라 주위를 돌아보던 게 불과 몇 달 전이다. 종편 방송을 보는 게 무슨 죄짓는 것도 아니건만, 왠지 모르게 나쁜 짓 하다 들킨 것 같은 기분이 들곤 했다. 그런 아빠에게 딸은 경향신문 기자가 종편 방송을 봐도 되느냐며 가벼운 힐난을 보냈다. 종편에 반대한다면서 왜 종편을 도와주느냐는 것이다.

TV 시청률은 표본으로 선정된 집의 TV 수상기에 측정 장치를 미리 설치해놓고 채널 돌아가는 시간을 자동 집계하는 방식으로 조사된다. 그러니까 조사대상 가구가 아닌 집에서는 무엇을 보든 시청률에 잡히지 않는다. 그래도 특정 방송을 시청하면 그 자체로 그 방송을 도와주는 것은 맞다. 어느 상품이든 수치로 집계되는 판매율 못지않게 입에서 입으로 전해지는 소문이 중요하다. 요즘에는 TV 방송을 인터넷이나 휴대폰으로 보는 사람이 많아 집 TV에만 의존하는 지금의 시청률 조사가 현실을 제대로 반영하지 못한다는 지적도 설득력이 있다.

어쨌거나 종편은 요즘 약진 중이다. 수치로 나타나는 평균 시청률을 떠올리지 않아도, 조선·중앙·동아일보가 자사 종편의 어느 프로그램이 어느 조건에서 1위라고 아전인수식으로 자랑하는 것을 일일이 따져보지 않아도 종편의 인기는 여러모로 체감할 수 있다. 시사프로에선 가스통 할배에서 나꼼수 멤버까지 출연자 스펙트럼이 갈수록 늘어나고 있고, 예능프로는 여자들의 목욕탕 수다에서 단골 소재로 자리 잡아가고 있다. 제목부터 희한한 jtbc의 〈썰전〉이란 프로는 한국갤럽 조사에서 한국인이 즐겨보는 프로 10위에 오르기도 했다. 방송 사고가 나도 신문 사회면에 보도되지 않으면 아무도 모르고 지나가던 시청률 0%대 개국 초기와는 달라도 너무 다르다. 종편을 보느냐 마느냐 하는 고민은 어느덧 부질없게 된 것이다.

그럼 이제 우리는 종편을 대놓고 즐겨도 되나. 개인이 종편을 시청하는 것과 사회에서 종편을 인정하는 것 사이엔 아무래도 거리가 있다. 우리 모두가 알다시피 종편은 이명박 정권과 거대 보수언론의 야합의 산물이다. 탄생의 근거가 되는 미디어법은 국회에서 여당 단독으로 날치기 통과됐다. 당시 야당인 민주당은 쇠사슬과 전기톱까지 동원해 법안 통과를 총력 저지하다 무위로 돌아가자 민주주의의 조종(弔鐘)이 울렸다며 땅이 꺼져라 탄식을 했다. 미디어법의 원천무효를 선언하고 당 차원에서 종편에 출연하지 않겠다고 다짐했다. 그 결기와 분노는 가히 하늘을 찌를 듯했다.

종편을 금기시하는 사회 분위기도 강했다. 민주진보 인사 중에 종편에 발을 들여놓는 이는 드물었다. 김연아·인순이 같은 사람은 종편에 출연했다는 이유 하나만으로 "개념 없다."는 말을 들어야 했다. 시사평론가 서민 교수는 종편이 생긴 뒤 15~20 숫자가 싫어졌다며 이 채널을 TV 리모컨에서 삭제한다고 했다. 까마득한 옛이야기 같지만 알고 보면 이 모든 게 겨우 2~3년 전 일들이다. 종편에 대한 심리적 저항감이 엷어지는 데 걸린 시간이 이토록 짧다는 게 놀랍다.

유감스러운 것은 종편을 해금시켜준 일등공신이 민주당이라는 사실이다. 민주당은 종편 출연금지 당론을 채 2년도 못 가 폐기했다. 그전에도 적당한 핑계만 있으면 얼굴 내밀지 못해 안달복달하는 것 같더니 지난 4월에는 정식으로 입장을 바꿔 출연 여부를 개인의 선택에 맡겼다. 곧바로

문희상·박지원·송영길 등 고위인사들의 출연이 줄을 이었고, 종편은 쾌재를 불렀다. 출연진 진용에 오른쪽 날개만 있다가 왼쪽 날개를 보강한 셈이니, 한층 높이 날 수 있는 새가 됐기 때문이다.

민주당이 끝까지 당론을 고수했어야 했다고 말하려는 것은 아니다. 정당 정치인이 실재하는 언론매체를 언제까지나 보이콧할 수는 없을 것이다. 그래도 일말의 배신감이 드는 것은 어쩔 수 없다. 미디어법 저지에 동참해달라고, 야당에 힘을 모아달라고 국민에게 호소하던 인사들이 슬그머니 종편 여기저기에 나와 진행자와 알콩달콩 박장대소하는 모습은 보기에 불편하고 어색하다. 당론을 뒤집어야만 했던 사정과 경위를 국민 앞에 소상히 밝히고 이해를 구한 적이 한 번이라도 있었나. 민주당은 종편의 편파보도가 대선 패배의 한 요인이니 출연해서 바로잡겠다는 논리를 내세웠다. 그리고 종편 4사에 "지금부터 우리도 본격 출연할 테니 불러 달라"는 취지의 공문을 보낸 게 전부다. 오직 선거 유·불리의 잣대로만 판단할 뿐 종편에 대한 재인식이나 국민의 마음을 헤아리는 노력은 안 보인다.

종편은 지금 종합편성채널이라는 말이 무색하게 토크쇼나 시사·논평 프로에 집중하고, 이를 재방에 재재방송까지 반복해 틀어대는 수법을 생존 전략으로 쓰고 있다. 몇몇 프로그램이 호평을 받는다 해도 곳곳에서 막말 방송, 편파 방송, 저질 방송이 여전하다. 악법에 의하든 말든 기왕에 생겨난 만큼 콘텐츠로 평가해야 한다는 논리를 수용하더라도, 우리 사회가 종편을 의미 있는 미디어로 대접하기엔 아직 이르다.

(경향신문 2013.10.15)

보수언론 도와주는 노대통령 언행

노무현 대통령이 어떤 언론관을 가지고 있는지 모르는 국민은 없을 것 같다. 노 대통령에게 언론은 국정의 동반자가 아니다. 싸워서 깨부숴야 할 투쟁 대상이지, 토론하고 설득해야 할 여론의 창(窓)이 아니다. 노 대통령의 말을 빌리면 '87년 이후 특권 유착 반칙 뒷거래 구조를 청산하는 데 가장 완강하게 저항하는 집단'이며 '감시받지 않는 권력'이다. '흉기처럼 사람을 상해하고 다니는 불량상품'이기도 하다.

노 대통령이 이렇게 언론을 비난할 때 그 언론은 구체적으로 어디일까. 흔히들 짐작하는 대로 몇몇 보수신문을 지칭하는 것이라고 이해할 수 있을 것이다. 사실 이들 몇몇 신문의 '노무현 때리기'식 보도행태야 알 만한 사람은 다 아는 얘기 아닌가. 노 대통령의 항변처럼 '부당하게 짓밟고, 항의한다고 더 밟고, 집중적으로 조지고', '타고 간다고 긁고, 내려서 걸어간다고 긁고, 아침저녁으로 관점을 바꿔가며 두드리는' 경우가 없다고 할 수 없다. 그러니 잘하고 있는 데 몇몇 보수신문이 워낙 공격을 해대는 통에 '실패한 대통령'으로 비쳐지고 있다는 노 대통령의 심정도 헤아리지 못할 바는 아니다.

모든 언론 뭉뚱그려 비난

하지만 이는 어디까지나 짐작이고 추측이다. 노 대통령이 언론을 향해 비난 발언을 쏟아낼 때 실명을 입에 담는 법은 없다. '무슨 무슨 신문'이라는 말로 넌지시 암시할 때도 있지만, 대개는 수식어 없이 뭉뚱그려서 그냥 '언론'이다. 따라서 몇몇 보수 신문에 소속되지 않았다고 해서 대통령이 쏘는 비난의 화살로부터 자유로울 언론인은 적어도 형식 논리상으로는 없다. 노 대통령이 '언론은 불량상품'이라고 할 때, 몇몇 보수신문이 아닌 언론은 화를 내야 하나, 고개를 끄덕여야 하나.

물론 정상적이라면 대통령이 특정 언론을 실명 비판하는 것은 좋은 화법이 아니다. 국가 최고지도자로서 품격을 떨어뜨리는 마이너스 발언이다. 그러나 기회가 있을 때마다 언론에 최상급의 전투 의지를 드러내는 대통령이라면 다르다. 취임 이후 지금까지 국민 귀에 못이 박힐 정도로 언론 탓을 하면서 매번 '알아서 들어라'라고 한다면 이 땅의 뭇 언론인에 대한 예의가 아니다. 대한민국 언론에 몇몇 보수신문만 있는 것도 아니지 않은가. 보수·진보 가리지 않고 싸잡아서 공박하는 통에 뭇 언론인들의 명예가 종종 도매금으로 훼손된다는 생각은 왜 안 하는지 모르겠다.

초등학교 다니는 아이로부터 "아빠는 언론인이지? 언론인은 나쁜 사람이야? 대통령이 그런 식으로 말하던데"라는 말을 듣는다면 그 언론인의 심정은 어떻겠는가. "그건 다른 언론을 말하는 거야. 아빠 아니야"라고 어린이에게 설명하란 말인가. 차라리 "동아 조선 까불지 마라"(이해찬 전 총리), "조선 동아는 독극물"(유시민 의원)이라는 식으로 마음에 안 드는 언론이 있으면 콕 집어서 비난하든지, 그게 점잖지 못한 언설이라면 구체적인 보도사례라도 들어 어느 언론을 겨냥하는지 분명히 해 줬으면 좋겠다.

솔직히 이보다 더 당혹스러운 것은 노 대통령 임기 말로 갈수록 보수

·진보 언론으로 구분 짓는 게 무의미할 때가 많다는 점이다. 보수신문이나 경향신문이나 같은 취지로 대통령을 비판하는 일이 잦아졌고, 대통령 역시 언론을 비난할 때 몇몇 보수신문만 염두에 두지는 않는 것으로 보이기 때문이다. 보수신문과 본질적으로 지향점을 달리하는 언론들도 노 대통령의 오기와 독선, 무차별적 언론 비하 발언에 대해 비판하지 않을 수 없고, 그러다 보니 노 대통령은 '다 같은 언론'이라고 여기게 됐는지 모르겠다. 말하자면 언론이나 대통령이나 전선(戰線)이 단순화된다고 할까?

진보언론 설자리 좁아져

대통령의 민생 소홀을 지적한 경향신문 보도에 대해 '하이에나 언론'이라고 청와대 비서관이 독설을 뿜어내는 것이나, 보건복지부의 설익은 보건정책을 보수·진보 언론이 같은 취지로 보도했다고 해서 '기자실에 죽치고 앉아' 담합했다고 대통령이 직접 비난하는 데서 그런 전선의 단순화가 느껴진다. 대통령의 거친 언행, 오기 어린 국정운영이 '무차별적 노무현 때리기'로 일관해온 몇몇 보수신문의 설득력을 거꾸로 높여주고, '차별적 비판보도'를 해온 진보 언론의 설 자리는 되레 좁게 만드는 것 같아 안타깝기만 하다.

(경향신문 2007.01.30)

4

'샤이 박근혜'는 없다

정치와 선거

그들은 왜 '1호 가면'이라는
거짓말을 할까

  북한에서 최고지도자는 '1호'라 불린다. 최고지도자가 독점적으로 사용하는 도로를 '1호 도로', 전용 열차를 '1호 열차'라 하며, 얼굴이 담긴 사진을 '1호 사진'이라 한다. 1호와 관련된 모든 것은 특별히 관리되며, 그중에서도 1호 사진은 신성시된다. 신문에 1호 사진이 실렸다면, 그 신문 또한 함부로 훼손할 수 없다.

  2003년 대구 유니버시아드 대회 때 방남한 북한 응원단이 1호 사진에 대한 그들의 인식을 극적으로 보여준 바 있다. 당시 우리 측에서 남북 정상이 악수하는 사진이 인쇄된 현수막을 걸어놓았는데 비가 내려 현수막이 젖게 되자 북한 응원단은 울면서 이렇게 항의했다. "장군님 사진을 이런 데다 모시는 법이 어디 있습니까?"

  오래전 북한 담당 기자를 할 때 노동신문에서 이런 종류의 기사를 본 기억도 난다. 어느 외딴 지역에 홍수가 나 학교 교실에 걸려있던 김일성 김정일 초상화가 떠내려가게 됐다. 이를 본 젊은 여교사가 물속으로 뛰어들어 초상화를 구하다 세찬 물길에 휩쓸려 목숨을 잃었다. 이 얼마나 아름다운 일이냐, 하는 식의 기사다. 우리 상식으론 이해할 수 없지만, 그들에겐 인민의 귀감이 되는 감동 스토리다.

  북한 체제에 대한 이해가 조금이라도 있다면, 북한 응원단이 휘파람 노래를 부를 때 꺼내든 남자 가면을 보고 '김일성 가면'이라는 얘기를 할 수는 없다.

갈수록 잘못 짚었나 하며 고개 갸우뚱

현재 김정은 정권에서 할아버지 김일성이나 아버지 김정일은 똑같이 최고 존엄, 즉 1호다. 그 1호의 얼굴을 경박스럽게 비쳐질 수 있는 가면으로 제작해 응원 도구로 사용할 수 있다는 발상 자체가 북한에선 비현실적이다. 설령 '당 중앙의 통 큰 배려'가 있어 그런 가면 제작이 허용된다 해도 1호의 눈에 구멍을 뚫는 따위의 훼손 행위는 상상도 할 수 없는 일이다. 일부 북한 응원단은 이 가면을 바닥에 떨어뜨리기도 했는데, 만약 진짜 '1호 가면'이라면 남한의 카메라가 일거수일투족을 비추고 있는 상태에서 이는 목숨을 내놓는 일이나 마찬가지다.

이렇게 보면 북한 응원단이 사용한 남자 가면의 실체가 김일성이라는 주장은 일고의 가치가 없다. 과거 주사파에서 전향해 북한 전문가로 알려진 한 정치인이 김일성 젊었을 때 사진과 비교하며 "누가 봐도 김일성 빼박(빼다 박은 모양)"이라고 열을 올리지만 동조하는 사람은 별로 없다. 처음에는 큰 거 한 건 잡은 듯 의기양양해 하던 보수 야권 진영도 시간이 갈수록 잘못 짚었나 하며 고개를 갸우뚱하는 모양새다. 다짜고짜 몰아붙이기에는 아무래도 말이 안 되는 것 같기 때문이다.

사실 젊고 잘생긴 사람 얼굴 사진을 놓고 본뜨듯이 포토샵 처리를 하면 웬만한 사람은 비슷하게 그려지기도 한다. 문제의 가면도 보기에 따라 여러 명으로 해석될 수 있다. 어떻게 보면 '젊은 김일성' 같지만, 달리 보면 '표준 훈남'일 뿐이다. 1호 사진 중에서도 '온화한 김정일' 또는 '살 빠진 김정은'이라고 제목 붙인다면 그 또한 이상할 게 없다. 가면을 보고 특정인 한 사람만을 닮았다고 철썩 같이 믿는 것은 지독한 편견의 소산이거나 막무가내 색깔 공세일 뿐이다.

차라리 이런 생각을 해본다. 대체 가면이 무엇이며, 왜 문제인가. 정말 김일성 가면이라면 정말 나라가 뒤집어지기라도 하는 걸까.

올림픽 헌장에는 정치·종교·인종차별적인 선전행위를 금지한다는 규정이 있다. 경기장을 체제선전의 장으로 활용하는 것은 올림픽 정신에 위배된다. 그런데 누구를 그린 것인지 알 수 없는 가면을 들고 나와도 정치선전에 해당하는 걸까. 만약 그게 정치선전이라면 대체 누구를 향해 무슨 주의 주장을 펼쳤다는 말인가. 아무리 생각해도 딱히 떠오르는 게 없다.

한반도 평화 길목 가로막는 사람들

'김일성 가면'에 선전의 메시지가 은연중 담겨 있다고 한들, 어느 누가 거기에 영향 받을까. 이제 우리 사회는 누군가 광화문 네거리에서 '김일성 만세'를 외친다 해도 정신 이상한 사람으로 바라볼 뿐 그런 정치선전에 흔들리지 않을 정도로 성숙해 있다.

가면 문제를 제기한 극우 보수층의 본심은 어쩌면 다른 데 있다. 남북한 단일팀에 딴지를 걸고, 한반도기 입장에 앙앙불락하는 걸 보면 이들은 평창 올림픽을 계기로 조성되는 남북 화해 기류가 마음에 들지 않는 것이다. 남북에 긴장이 고조되고, 남남은 분열되어 갈등하고, 북미는 호전 국면으로 치닫기를 바라는 사람들, 이들이 한반도 평화의 길목을 가로막고 있다.

(내일신문 2018.02.14)

정치인 안철수의 흔적

바른미래당 안철수 전 대표가 서울시장 출마 선언을 하던 날, 어느 신문에 '홍찍문 대신 김찍민?'이라는 제목의 기사가 실렸다. 안 전 대표 측에서 지난 대선 때 들고 나왔던 홍찍문(홍준표 찍으면 문재인 당선된다) 구호를 이번에는 김찍민(김문수 찍으면 민주당 당선된다)으로 바꿔 다시 써먹고 싶어 한다는 내용이다.

홍찍문이든, 김찍민이든 안 전 대표가 노리는 것은 한 가지다. 문재인 민주당 정부를 불온시하는 보수층의 불안 심리를 자극해 반사이익을 얻겠다는 속셈이다. 보수층을 향해 "우리 표가 분산되면 저 쪽이 이길 텐데, 그래도 좋으냐?"고 몰아붙일 수 있는 선거 구도를 만들고 싶은 것이다.

안철수 예비후보는 출마 선언 직후 "선거는 박원순 시장과 나의 1대 1 구도가 될 것"이라고 말했다. 자유한국당 김문수 예비후보를 어떤 식으로든 패스시키고, 선거를 양자 구도로 가져가고 싶다는 희망의 표현이다. 실제 야권 연대라는 명목으로 김문수 안철수 두 후보의 단일화 움직임이 일고 있는 것도 사실이다.

대선 때 안 후보는 다섯 명 중 이념적으로 가운데 있었다. 홍준표 후보와 안 후보 사이에 유승민 후보가 있었다. 한국당과 국민의당 사이에 한 뼘의 거리가 있었다. 그러나 이번에는 한국당 옆에 바른미래당이다. 서로 붙어 있다. 두 후보가 하나로 합칠지 아닐지는 두고 봐야겠지만 단일화 성사 여부와 상관없이 이미 안 후보는 보수진영의 대표급 선수로 스스로 분류하고 싶어 한다.

입문할 때는 반보수 내걸어

안 전 대표가 7년 전 정치에 입문할 때, 그는 반(反) 보수의 기치를 내걸었다. 당시 집권세력인 한나라당(현 자유한국당)에 대해 "응징해야 한다."고 목소리를 높였다. 그는 정치인의 정체성 보따리를 진보진영에 풀었고, 이후 정치적 변신을 몇 차례 하면서도 한국당에 손을 내밀지는 않았다. 극중주의 같은 어려운 말을 쓰는 한이 있어도 극우 보수진영과는 일정한 거리를 두려고 애쓰는 듯 했다. 그러던 그가 돌고 돌아서 이제 한국당까지 수용하는 범 보수 정치인이 되겠다며 180도 바뀐 면모를 보여주는 셈이다.

반 보수에서 친 보수로 변신하기까지 그의 정치 행적을 보면 경이롭고, 유감스럽다.

그는 정치에 입문한 첫 해에 대통령 선거에 나갔다. 국회의원 선거는커녕 지방의회 선거조차 나가본 적이 없는 정치 초짜가 모든 과정을 건너뛰어 대선으로 직행한 것이다.

이후 그는 선거에 나가는 족족 이기는 기염을 토한다. 지난해 대선을 제외하면 선거에서 진 적이 없다. 국회의원 노원 병 선거에는 두 번 나가 두 번 당선되었고, 정당 창당과 합당을 네 번 성사시키면서 그때마다 당 대표에 뽑혔다. 맨주먹으로 치른 총선에서는 정당 득표율 2위, 의석수 38석의 대승을 거두기도 했다.

대선에서 패한 지 겨우 석 달 뒤 전당대회를 열어 당권을 다시 장악하기도 했다. 또 그 넉 달 뒤엔 당 대표직을 걸고 바른 정당과의 통합안을 투표에 부쳐 통과시켰다. 이 정도면 그를 선거 승부사라 불러도 되지 않을까.

하지만 이런 정치 자산을 한순간 물거품으로 만들어버리는 게 그의 이유 없는 변신과 모호한 정치 행보다. 그는 정면 승부를 해야 할 때 돌연 사퇴를 해 '철수(撤收) 정치'라는 말을 자초하는가 하면, 원칙 없이 이 당 저 당 옮겨 다녀 '철새 정치'라는 비난도 듣는다. 언론은 물론 주변 동료들과 제대로 소통하지 않고, 인간미나 리더십이 없어 그와 가까웠던 사람일수록 곁을 떠난다는 지적도 있다.

여기에 7년 전 그가 들고 나온 새정치 화두는 무엇을 말하는 건지 아직도 모호하다. 오죽하면 '박근혜의 창조경제', '김정은의 속마음'과 함께 한반도 '3대 미스터리'라는 발언이 나올까. 정치인 안철수가 내세우는 비전이 대체 무엇이냐는 근본적인 물음이 나오지 않을 수 없다.

이유 없는 변신, 모호한 정치행보

그가 정계 입문하기 전 인터뷰한 적이 있다. 성공의 개념을 무엇이라 보느냐는 질문에 "삶의 흔적을 남기는 것"이라고 그는 답했다. 자신의 존재가 있는 것과 없는 것의 차이를 만들기 위해 의사에서 기업가로, 또 교수에서 정치가로 끊임없이 변신한다는 것이다.

그렇게 보면 그는 이번 선거 결과에 상관없이 다음 대선에도 다시 나갈 것 같다. 흔적을 남겨야 하니까. 그런데 그 흔적이 어떤 의미이든 상관없이 무조건 남기기만 하면 그만인 걸까. 이 대목에서 보수를 자처하는 그의 가치관이 궁금해진다.

(내일신문 2018.04.12)

'내로남불'의 적폐

사람이 어떤 행동을 하는 데는 여러 가지 이유가 있을 수 있다. 자초지 종을 들어보면 그게 설령 범죄행위라 해도 고개가 끄덕여질 수 있다. 그런 데 사정을 알지 못하는 사람은 눈앞의 결과만 보고 혀를 끌끌 찬다. "그 사람, 원래 그렇더니, 결국 사고치는군." 하며.

어떤 일의 원인을 잘못 추론하는 것을 심리학 용어로 귀인(歸因) 오류라 고 한다. 이중에서도 자기가 잘못한 것은 외부 환경 때문이고, 남이 잘못 한 것은 그 사람 기질 때문이라 여기는 게 치명적 오류다. 잘되면 내 덕, 잘 못 되면 조상 탓, 내가 하면 로맨스, 남이 하면 불륜이라는 소위 '내로 남불'의 편향이다.

내로남불이라는 신조어는 네이버 오픈사전에도 실려 있을 만큼 우리 곁 에 깊숙이 들어와 있다. 검색창에 '내로남불'이라고 입력하면 "남에겐 엄격 하나 자신에겐 자비로운 태도를 일컫는 말로, 90년대 정치권에서 유래한 뒤 현재까지 쓰이고 있다."는 설명이 나온다.

이런 내로남불 편향이 극성을 부릴 때가 요즘 같은 새 정권 출범 초기 다. 정권이 진보에서 보수로 바뀌었든, 보수에서 진보로 바뀌었든 그것은 중요하지 않다. 공수(攻守) 세력이 달라질 뿐, 자신에게 관대하고 남에게 엄격한 내로남불의 편향 법칙은 변함이 없다.

문재인 대통령이 강경화 외교부 장관 임명을 강행하자 자유한국당이 지난해 9월 더불어민주당이 냈던 논평을 끌어와 정당 이름만 바꿔 발표했다. 당시 박근혜 대통령이 야당 반대에도 불구하고 장관 세 명을 임명하자 민주당이 "국민을 무시하는 것"이라고 비판한 사실을 상기시킨 것이다. 상황은 비슷한데 여야만 바뀌었으니 내로남불 편향에 틀림이 없다.

강 장관 외에도 속살을 한꺼풀 벗기면 문 대통령이 천명한 공직배제 5대 원칙에 저촉되는 것 같은 인사가 줄줄이 보인다. 그러니 야당으로선 존재의 의미를 보여줄 절호의 기회다.

"내가 하면 로맨스, 남이 하면 불륜"

상대의 동의 없이 몰래 혼인신고를 한 장관 후보자는 사퇴했지만, 다른 이의 논문표절을 준엄하게 꾸짖었는데 알고 보니 자기 논문 표절 의혹이 있는 교육부 장관 후보자, 음주운전 전력이 드러나자 "학생들 위로하기 위해 술 마시고 운전했지만 사고가 나지는 않았다."는 희한한 변명을 늘어놓은 노동부 장관 후보자, 이들에 대한 문제는 현재 진행형이다.

야당으로선 지금의 여당이 야당일 때 사용한 공격 논리를 보란 듯이 출처 표기 해 가며 가져다 써먹을 법하다. 그들 머릿속에 "너희들도 맛 좀 봐" 하는 복수 심리가 들어있을지도 모르겠다. 그러나 내로남불 공격도 경중을 가려 적당히 해야 한다. 지나치다 보면 공격의 화살이 부메랑이 되어 날아온 곳을 향해 되돌아갈 수도 있다.

내로남불 편향의 원조는 자유한국당이다. 시계 바늘을 한 바퀴만 돌리면 이들이 집권당 시절 어땠는지 쉽게 알 수 있다.

박근혜 정권 초대 각료였던 윤병세 전 외교통상부 장관은 후보자 시절 인사청문회에서 여러 가지 도덕적 하자가 드러났다. 아파트 매매 시 다운계약서를 작성했고, 세금을 탈루했으며, 23차례 교통 범칙금과 과태료를 내지 않아 차량을 압류당한 적이 있고, 대학생이던 딸이 저소득층 자녀들이 받는 가계곤란 장학금을 염치없이 받은 사실이 밝혀졌다.

야당은 "전공필수에서 교양선택까지 모두 F학점"이라고 비판했지만 그래도 청문회 경과보고서는 채택해줬다. 덕분에 윤 전 장관은 무사히 취임했고, 4년 3개월 재임하는 장수 기록을 세울 수 있었다. 윤 전 장관에 비하면 강 장관의 도덕성 문제는 그야말로 약과다.

"여당은 야당 때, 야당은 여당 때 생각을"

윤 전 장관 외에도 인사청문회에서 털었다 하면 먼지는 물론 해묵은 기름때까지 덕지덕지 나오던 인사들도 과거 정권에선 어렵지 않게 고위공직에 올랐다. 그런데 이제 와서 갑자기 도덕을 들고 나오면 그 또한 내로남불 편향이다. 그들 중에 위장전입이나 세금탈루, 병역면탈, 부동산투기, 음주운전 같은 항목 어디에도 걸리지 않는 깨끗한 사람이 얼마나 될까.

내로남불의 적폐를 끊는 일은 여야 모두에 꼭 필요하다. 여당은 야당에 빌미를 주지 않도록 원칙과 기준을 지키고, 야당은 남 탓하기에 앞서 스스로 성찰하는 자세를 가져야 한다. 정세균 국회의장의 중재안처럼 "여당은 야당 때 생각하고, 야당은 여당 때 생각해서 서로 50보씩 양보하자"는 지혜가 절실히 요구되는 요즘이다.

(내일신문 2017.06.21)

고립무원의 대통령

박근혜 정권을 가리키는 말 중에 가장 실감나는 표현은 '미스터리 정부'다. 대통령의 국정 운영에서 이해할 수 없는 일들이 자주 발생하기 때문이다. 정책도 그렇고, 인사도 그렇다. 함량이 턱없이 모자라 보이는 사람을 느닷없이 요직에 기용하기도 하고, 아무런 하자가 없어 보이는 인사를 마냥 쥐고 있다가 퇴짜를 놓기도 한다. 해당 기관에서는 왜 그런지, 무슨 사정이 있는지 갑갑하고 궁금하지만 마땅히 물어볼 곳이 없다.

박 대통령이 아버지 시대 사람인 김기춘 비서실장을 기용했을 때, 세상 사람들은 김 실장이 실세일 것이라고 생각했다. 그런데 세월호 침몰과 같은 위급한 사건이 발생했는데도 비서실장이 대통령에게 대면 보고를 못 한다는 사실이 드러났다.

대통령이 정부 부처의 업무보고를 받거나 국무회의에서 당부 말씀을 할 때 고개를 갸웃거리게 하는 장면도 종종 목격됐다. 박 대통령은 평소 짧은 문장에 건조한 언어, 가끔씩 썰렁한 유머를 사용하는 스타일로 알려져 있다. 그런데 대통령이 된 뒤에는 국정 방향을 제시할 때 개구리나 진돗개, 호랑이 동물에 비유하거나 "탱고를 추려면 두 사람이 필요하다."와 같은 외국 속담을 인용하는 등 화려한 어법을 구사했다.

일부 언론에서는 이를 두고 대통령의 메시지 전달법이 진화했다고 호평하기도 했지만 번지수를 잘못 짚은 얘기다. 메시지 전달 과정에서 어처구

니없는 오류가 들어가 종종 망신을 샀기 때문이다. 경영학에서 실패 사례로 쓰이는 쥐덫의 오류를 성공 모델로 잘못 이야기하거나, 뤼순 감옥이라고 해야 할 안중근 의사의 순국 장소를 "차디찬 하얼빈 감옥"이라고 했다. 언론은 청와대 참모들이 대체 일을 어떻게 하기에 이런 일이 빚어지느냐고 비판의 목소리를 높였지만 메아리 없는 외침일 뿐이었다. 그런 메시지가 어디에서 누구로부터 내려가는지 문제의 핵심을 알지 못했기 때문이다.

믿고 의지하는 사람은 최순실씨

어제 박 대통령의 입에서 '최순실'이란 이름이 처음 나오면서 이런 의문들이 한 순간에 풀리는 느낌이다. 대통령의 말과 행동을 움직이는 사람은 보이지 않는 곳에 따로 있었는데, 우리는 눈앞의 모습만 보고 불통이다, 고집이다, 유체이탈 화법이다, 비판의 화살을 날린 것이다.

이제 보니 박근혜 정부의 대외정책이 오락가락한 원인도 비선 때문일 수 있다는 생각이 든다. 대통령은 취임 초 아베 일본 총리와 마주친 자리에서 눈길조차 주지 않을 만큼 대일 문제에 강경 입장이었다. 그런데 어느 날 뜬금없이 위안부 문제를 최종적이고 불가역적으로 해결했다고 선언해 국민을 놀라게 했다. 한때는 통일은 대박이라며 거창한 선언까지 하더니 얼마 못 가서 남북화해의 상징인 개성공단마저 폐쇄하는 쪽박 정책을 선택했다.

박 대통령은 최순실씨가 연설문 고친 것만 시인했지만 최씨의 국정농단이 거기에 그쳤을 것이라고 생각하는 사람은 없다. 대통령 말씀자료를 고치고, 국가 정책 방향을 바꾸고, 정부 인사를 쥐락펴락했다는 증거가 속속 나올 것이다. 박 대통령이 국정을 운영하면서 믿고 의지하는 사람은 청와대 비서실장도, 장·차관도 아니라 '어려울 때 도와준 인연'을 가진 최씨라는 사실이 만천하에 드러났기 때문이다.

청와대 비서관실에서 일하던 행정관이 검찰수사 받으며 진술했다는 말, 그러니까 "우리나라 권력서열 1위는 최순실씨고, 2위가 (최씨의 전 남편) 정윤회씨이며, 박 대통령은 3위에 불과하다."고 한 충격 발언이 허언이 아니었던 것이다.

콘크리트 지지층 모래알처럼 빠져나가

비선실세의 존재를 마지못해 시인하면서 대통령은 이제 고립무원 사고무친의 처지가 됐다. 봉건시대에도 있을 수 없는 일이라며 대통령을 호위하던 청와대 비서진이나, 대통령의 눈빛 하나 믿고 돌쇠처럼 행동하던 소위 친박 정치인들도 깊은 허탈감에 빠져 있을 것이다. 눈이 오나 비가 오나 변함없이 '박근혜 사랑'을 보내던 콘크리트 지지층도 하나 둘 모래알처럼 빠져 나가고 있다.

박 대통령은 최순실 스캔들이 블랙홀 속으로 빠져 들어가기를 바라는 심정에서 개헌 카드를 꺼내 들었을 것이다. 노무현 대통령의 개헌 제안에 "참 나쁜 대통령"이라고 비난했던 그에게 개헌 카드는 사실 마지막 승부수나 다름없다. 그런데 최씨가 남겨 놓은 범죄 꼬리에 밟혀 그 승부수는 하루도 지탱하지 못하고 동력을 잃고 말았다.

국민 앞에서 눈물의 사과를 했지만 지금 박 대통령에게 퇴로도 출구도 보이지 않는다는 점이 나라의 불행이고 비극이다.

(내일신문 2016.10.26)

우병우의 기브스와 레이저 눈빛

청와대 민정비서관실의 일은 대개 외부에 드러나지 않는다. 민정수석이 누구인지 일반인은 기억하지 못하는 게 보통이다. 그런데 우병우 전 민정수석은 온 국민이 주목하는 인물이다. 지난여름 이후 6개월 사이 그를 둘러싼 보도가 워낙 많이 나온 때문이다. 거의 모든 언론이 우병우 비위 기사를 쏟아내며 사퇴를 촉구해도 눈 하나 깜짝 않고 버티던 그 대단한 위세, 시골 흙수저 출신이 뛰어난 머리 하나로 출세의 성공신화를 이뤘다는 그 화려한 이력이 세간의 흥미를 불러일으켰다. 대통령 비서실장과 경제수석, 장·차관과 대학 총장, 한국 최대 재벌 총수까지 탄핵의 태풍 앞에서 줄줄이 구속되었지만 유독 그만은 이번에도 특검의 칼날을 교묘히 피해 나가 경탄을 자아냈다.

우 전 수석에 대한 주변의 평가를 한 마디로 압축하면 이렇다. '너무 똑똑하다.' 여기서 똑똑하다는 말은 공부만 가리키는 것은 아니다. 검찰 내에선 그의 일솜씨를 더 이야기한다. 수사 하나는 똑 소리 나게 잘했다는 것이다. 사건의 핵심이 어디에 있는지 단숨에 파악하고 단칼에 해결하는 탁월한 능력의 소유자가 우병우 검사였다. 한 번 사건을 물면 절대 그냥 놓아주지 않는 독종이기도 했다. 이렇게 일 잘하고 똑똑한 검사가 검찰 조직에서 승승장구하는 것은 당연했다.

문제는 '너무' 똑똑하다는 점이다. 경북 영주고 수석 입학, 20세에 사법

시험 최연소 합격, 23세에 검사 임관이라는 인생 스토리는 그 자체로 영예롭다. 하지만 머리 좋고 똑똑한 검사라면 그가 아니어도 검찰에 차고 넘친다. 같은 수재들 앞에서 소년등과(少年登科)라는 타이틀은 꺼낼수록 손해보는 카드다. 그런데 너무 똑똑한 그는 타이틀을 서랍 속에 넣어두지 않고 종종 꺼내 들었다.

탄핵 태풍에도 특검 칼날 피해나가

그에게 중요한 것은 성적이고 서열이다. 사법시험에 늦게 합격해 검찰 후배가 된 대학 선배에게 회식 자리에서 반말을 하고 술을 따르도록 요구했다는 에피소드가 상징적이다. 당시 당황해하는 선배를 보고 그는 이렇게 덧붙였다고 한다. "세상에 학연, 지연, 혈연이 있다고 하는데 나는 그런 거 다 필요 없고 직장의 연, '직연'만 있으면 된다."

우 전 수석이 지난해 11월 검찰 조사를 받을 때 모습을 멀리서 찍은 사진 한 장이 기억난다. 당시 그는 조사실에서 팔짱을 낀 채 여유롭게 웃고 있었고, 검찰 직원들은 손을 가지런히 모은 채 그 앞에 서 있었다.

민정수석 재직시절 그는 이 '직연'을 한층 다질 수 있었다. 검찰 인사에 개입해 요소요소에 자기 사람을 심어놓을 수 있었고, 이들은 필요할 때마다 방패막이 역할을 했을 터였다. 공직자 재산등록 시 허위신고, 아들의 군대 꽃보직 특혜, 가족 회사를 통한 세금 탈루, 처가의 화성 땅 농지법 위반 등 의혹을 제기하는 보도가 줄을 이었어도 그의 털끝 하나 건드릴 수 없었다. 사정기관에서도 그를 어쩌지 못했다. 우병우 비위 조사에 나선 이석수 청와대 특별참찰관은 "경찰에 자료 좀 달라고 하면 하늘 쳐다보고 딴 소리한다. 민정에서 목을 비틀어놨는지 꼼짝도 못한다."며 "우 수석을 현직으로 놔두고는 어떻게 할 수가 없다."고 하소연할 정도였다.

우 전 수석은 공직자 재산공개만 하면 압도적 1위에 이름을 올리던 부자이기도 하다. 골프장과 건설 회사를 운영하던 장인에게서 상속받은 재산이 400억 원을 넘나든다. 한국 최고의 학벌에 돈과 권력까지 움켜쥐었으니 세상에 부러울 게 없다.

"1시간만 얘기하면 좋아할 수 없어"

민정수석의 자리라면 모를 리 없고 몰라서도 안 되는 최순실 씨의 존재를 그가 끝까지 몰랐다고 하는 이유가 여기에 있다. 대통령과 최씨의 관계를 아는 체 하는 순간 자리를 내놓아야 한다는 것을 일찍이 알고 있었기 때문이다.

그에게는 목에 늘 힘을 들어가 있다고 해서 '기브스'라는 별명이 붙어 다닌다. 어느 대학 동기생이 "누구든 그와 1시간만 이야기하면 그를 좋아할 수가 없다. 거만한 눈빛에 비위가 상하기 때문"이라고 말했다는 보도도 있다. 그가 어제 특검 포토라인에서 카메라 플래시가 작렬하는 와중에도 질문하는 기자에게 레이저 눈빛을 쏘아붙인 것은 결코 우연한 행동이 아니다. 법원의 영장기각으로 기브스가 더 뻣뻣해지고 레이저 눈빛이 더 강해질 것 같아 답답하기만 하다.

(내일신문 2017.02.22)

홍찍문 선거공학의 허실

'홍준표 찍으면 문재인 된다.'는 구호는 우리에게 낯설지 않다. 'A 찍으면 C가 된다.'고 하는 B 진영의 선거 캠페인은 1997년 대선 이후 때만 되면 나오는 낡은 레코드판의 흘러간 노랫말 같다.

20년 전 한나라당 후보 이회창은 선거 막바지에 이르러 '이인제 찍으면 김대중 된다.'고 외쳤다. 김대중을 불온시하는 보수진영의 뿌리 깊은 정서를 겨냥해 만든 기막힌 정치공식이었다.

보수 유권자를 향해 "내가 싫다고? 그래서 어떡할 건데?" 하며 으름장 놓는 격이었다. 이럴 때 이인제를 적극 지지하면서 또한 김대중을 적극 반대하는 사람이라면 어떤 선택을 해야 할까. 좋아하는 후보가 당선 가능성이 높다고 판단되면 망설일 이유가 없겠지만, 그게 아니라면 머릿속이 복잡해진다. 나의 최선을 택해야 하나, 아니면 그저 최악을 피하기 위해 마음에 들지 않는 사람을 선택해야 하나.

출마 후보가 셋 이상인 선거에서 승부를 가르는 결정적 요인은 예나 지금이나 구도이다. 이념구도일 수도 있고 지역구도일 수도 있다. 우리 편 표는 한 곳에 몰고, 상대편 표는 여러 곳으로 나눌 수 있다면 필승, 그 반대면 필패 구도다. 이런 선거 공학이 치사해보이지만 결선투표가 없는 현 제도 아래에선 현실적으로 효과적이다.

대선이 한 달 앞으로 다가오면서 가상의 선거공학이 난무하고 있다. 유례없는 5자 구도인데다 특정인 대세론이 하루아침에 날아가고 1위 주자가 역전까지 됐으니 그럴 만도 하다. TV를 틀면 현재의 2강 1중 2약 구도가 이렇게 저렇게 변화할 것이라는 정치 패널들의 전망이 종일 이어진다. 하지만 이런 임시방편의 정치 공학은 이번 선거가 과거와 전혀 다른 전제에서 출발한다는 점을 간과한 것이다.

5자 구도로 끝까지 갈 가능성

이번 선거는 보수의 분열 위에서 치러지는 최초의 선거다. 그동안 한국의 보수는 언제나 하나의 단단한 덩어리로 움직였다. 그 단합된 힘으로 선거판을 좌지우지했다. 하지만 최순실 게이트와 대통령 탄핵사태를 겪으면서 덩어리는 깨지고 부서지고 쪼그라들었다. 예전처럼 힘을 쓰기는커녕 제대로 맥도 쓰지 못하는 처지가 됐다.

두 보수당의 후보 홍준표와 유승민이 하나로 합치는 것은 죽었다 깨어나도 안 될 것 같지만, 설령 죽은 귀신이 살아나 합친다 해도 의미 있는 구도의 변화는 아니다. 이번 선거는 보수의 영향력 밖에 있다.

다섯 후보 가운데 단일화가 꼭 필요한 사람도 안 보인다. 어렵게 단일화를 한다고 해서 무조건 지지율이 더해지는 것도 아니다. 산토끼 잡으려다 자칫 집토끼마저 잃을 수도 있다.

현재 그나마 가능성이 있어 보이는 통합 시나리오는 유승민이 안철수의 손을 들어주고 자진 사퇴하는 것이다. 하지만 그렇게 되면 안철수로서는 이명박·박근혜 정권 사람들과 손을 잡아야 한다는 문제가 있다.

그렇게 권력을 잡은들 그게 보수 정권의 연장이지 정권 교체냐 하는 따가운 비판에 마땅히 답하기가 어렵다. 안철수로서는 결코 쉽지 않은 선택이다. 심상정 또한 이미 두 번의 대선에서 민주당 후보에 양보한 전례가 있어 이번에는 완주할 공산이 크다. 결국 지금의 5자 구도는 끝까지 간다고 봐야 한다.

'새 정치는 어디로 갔나' 아쉬움

눈에 거슬리는 것은 2강 후보 사이의 진흙탕 싸움이다. 문재인은 안철수를 향해 "부패 기득권 세력의 지지를 받고 있다."고 공격한다. 이는 자기 발등 찍는 꼴이다. 그가 말하는 부패 기득권 세력이란 안철수의 지지율을 떠받치고 있는 보수 세력을 가리킨다. 그런데 부패 기득권 세력의 지지를 받기로는 안희정이 먼저다. 안철수에 붙은 보수 지지는 거의 민주당 경선 이후 안희정에서 옮겨온 것이다. 안희정이 부패 기득권 세력의 지지를 받을 땐 괜찮고 안철수 받을 땐 나쁘다고 하면 지독한 모순이다.

안철수 쪽에서 보수층을 역이용하는 전략도 볼썽사납다. 문재인에 대한 막연한 불안 심리를 20년 전 김대중 공포마케팅과 결부시켜 홍찍문(홍준표 찍으면 문재인 된다)이라고 퍼뜨리는 것을 보면 새 정치는 어디로 갔나 싶다. 보수는 사라지고 진보만이 남은 링이라면 국민에게 보다 나이스하게 비춰져야 하지 않을까.

(내일신문 2017.04.11)

'홍준표 방지법'이 필요해

5년 전 대선 때는 지방자치단체장의 임기 중 출마 문제가 꽤 논란이 됐다. 당시 김문수 경기도지사가 도지사직을 유지한 채 새누리당 대선 후보 경선에 나섰기 때문이다.

도지사 월급을 받으면서 당내 경선에 나선 경우는 그가 처음이었다. 잘되면 좋고, 안 되어도 복귀하면 그만인 무위험 고수익 선거, 후보에게는 더 할 나위없는 꽃놀이패다. 하지만 지역 주민들에게는 손실만 예상된다. 도지사가 경선에서 이기면 선거를 다시 해야 해 막대한 선거비용이 들고, 져서 돌아오면 도정(道政)의 탄력이 떨어진다.

당시 야권은 "경기도민을 우롱하지 말라"고 공격했다. 시민단체는 '김문수 방지법'을 만들자고 했다. "임기를 남겨둔 선출직 공직자가 다른 선거에 출마하는 것을 법으로 제한하자"는 것이다. 이때만 해도 지자체장이 현직을 유지하면서 경선에 출마하는 것은 법적으로는 허용된다 해도 분명 염치없는 행위였던 것이다.

5년이 지난 지금, 대선 경선에 출마한 단체장은 6명이다. 이들 중 현직을 사퇴하고 나온 후보는 없다. 그런데 5년 전과 같은 논란은 찾아볼 수 없다. 왜 그럴까.

이번 대선이 대통령 파면에 따라 실시되는 보궐선거여서 시일이 촉박한 것은 사실이다. 그래도 현직에서 물러날 시간마저 없는 것은 아니다. 현행

법 규정은 대선 30일 이전에 사퇴해야 한다고 돼 있지만 이는 데드라인일 뿐 본인 선택에 따라 그 전에 사임할 수 있다. 그럼에도 현직을 유지하는 것은 김문수의 꽃놀이패 전략과 다를 게 없다.

실제 바른정당의 남경필 경기도지사가 경선에서 패하자 직무에 복귀했고, 민주당의 안희정 충남지사, 이재명 성남시장, 최성 고양시장과 자유한국당의 홍준표 경남지사, 김관용 경북지사도 경선결과에 따라 거취를 정할 것이다.

경남도 15개월 동안 부지사 체제로?

5년 전과 다른 것은 현직 단체장 후보들이 각 당에 골고루 있다는 점이다. 서로가 같은 처지이니 공연히 말 꺼냈다간 누워서 침 뱉는 격이 될 수도 있다. 입 다무는 게 상책이다.

엉뚱하게도 문제를 상기시켜준 이는 홍준표 경남지사다. 그는 자신이 본선 후보로 확정돼도 경남지사 보궐선거는 없도록 하겠다고 공언을 했다. 자신이 내놓는 도지사 자리에 누구도 앉지 못하도록 하겠다는 것이다. 처음엔 무슨 말인가 했다. 그런데 중앙선관위에서 "그럴 수 있다."며 하는 법리 설명을 들으니 기가 막힌다.

홍 지사의 발상은 이번 대선의 공직자 사퇴 마감일과 대선과 동시에 실시되는 보궐선거 지역 확정일이 한 날 한 시라는 점에서 비롯된다. 4월 9일 밤 12시 직전 사직서를 내면 그날 안으로 선관위에 사퇴 사실이 통지될 수 없고, 그렇게 되면 이번 대선과 함께 치르는 보궐선거 지역으로 지정될 수 없다. 재보선은 1년에 한 번, 4월에 치러지는데 내년에는 6월 13일 지방선거가 있기 때문에 보선이 없다. 결국 경남도는 15개월간 부지사 체제로 운영될 것이란 얘기다.

경남도지사 선거 한 번 치르는 데 130억 원쯤 든다고 한다. 여기에 15개월짜리 도지사가 이것저것 사업을 벌려놓고 나가면 후유증도 만만찮을 것 같다. 그럴 바에야 도지사 없이 견디는 편이 더 낫지 않을까 하는 생각도 든다.

이번 보궐선거가 풀뿌리 민의를 반영하는 선거가 될 수도 없다. 광역단체장을 뽑으려면 후보 출마와 공천, 정책과 공약 발표, 검증과 토론, 선거운동과 유권자 선택 등 긴 과정이 필요하다. 그런데 이 모든 것을 30일 안에 다 끝내야 한다.

그나마 각 당 경선이 끝나기 전까지 어느 지역에 보궐 선거가 있을지 알 수도 없다. 갑작스레 선거가 결정되면 누가 어떤 정책을 들고 나왔는지 모른 채 표를 던질 수밖에 없다. 묻지마 투표가 되는 것이다.

중도사퇴 시 선거보전 비용 토해내도록

물론 이런 문제가 있다고 해서 꼼수가 정당화될 수는 없다. 홍 지사가 본선 진출에 성공한다면 전국적으로는 대선 후보가 되겠지만 경남도에서는 보궐선거 원인 제공자가 된다. 원인을 제공한 사람이 후속 선거에 대한 결정권을 가진 것처럼 행동하는 것은 법의 허점을 이야기하기 전에 유권자에 대한 예의가 아니다.

손을 쓰기에 이번 대선은 이미 늦은 것 같다. 다만 제2의 홍 지사가 나오는 것을 막기 위해서는 '홍준표 방지법'이 필요해 보인다. 단체장이 출마를 위해 중도 사퇴하면 직전 선거에서 보전 받은 선거비용을 토해내도록 하고, 공직 사퇴 시한을 당내 경선 참여 시점으로 앞당기는 것이다.

(내일신문 2017.03.31)

태극기 부대의 인지부조화

　최근 우리 사회에서 짧은 시간에 가장 두각을 드러낸 집단이 '태극기 부대'다. 처음엔 그저 삼삼오오에 불과한 어설픈 대열이었지만 두어 달 사이 누구도 무시할 수 없는 세력이 됐다. 언론에서 촛불 집회를 보도할 때 빼놓지 않고 함께 언급하는 게 태극기 부대다.

　사실 태극기 부대가 아니었다면 박근혜 대통령을 구심점으로 하는 친박 세력은 폐족의 길로 들어섰을지 모른다. 대통령 탄핵소추안이 국회에서 통과될 때, 반대 의사를 공개적으로 표명한 정치인은 손으로 꼽을 정도다. 한 때 원박(원조 친박)이니, 진박(진짜 친박)이니 하던 사람들 대부분이 입을 다물고 몸을 숨겼다. 그런데 요즘 그들은 한껏 어깨 펴고 다닌다. 우리가 뭘 그리 잘못했느냐는 식의 태도를 보인다. 믿는 구석이 생긴 것이다.

　일부 정치인은 태극기 부대와 짙은 일체감을 나타낸다. '멸공의 횃불' 같은 군가를 부르는 노인들과 어깨 걸고 태극기를 흔든다.

　태극기 부대의 힘의 원천은 색깔이다. 이들 눈에 작금의 세상은 온통 붉은 색이다. 대통령 탄핵을 단칼에 의결한 국회나, 국가 고위관료에 줄줄이 수갑을 채운 특검이나 안보관이 의심스럽다. 누구 좋으라고 국가 위기상황을 자초한단 말인가. 언론도 그렇다. 위기에 빠진 나라를 구하려 들지는 못할망정 왜 사사건건 시시콜콜 따지고 조롱한단 말인가. 태극기 부대가 보수언론을 자처하는 조중동 신문과 종편 방송에까지 종북 좌파라는 어색한 딱지를 붙이게 된 배경이다.

태극기 집회가 마음의 안식처

국회, 검찰, 언론을 모두 한 통속이라고 여기는 이들에게 태극기 집회는 유일한 마음의 안식처다. 그 곳에선 주류 언론에서는 볼 수 없는 뉴스와 정보가 날마다 쏟아진다. 탄핵의 발단이 된 JTBC의 최순실 태블릿 PC 보도가 새빨간 조작이라고 한다. 이번 사태는 유흥업소 접대부 출신이 대통령 측근을 움직여 700억짜리 재단을 만들고 한 입에 털어 넣으려 한 고영태 게이트가 본질이라고 한다. 그런데도 진실이 알려지지 않는 것은 언론이 좌파에 장악돼 있기 때문이라고 한다. 모든 것이 종북 좌파들의 기획에 의한 것이라는 놀라운 주장을 듣다 보면 자기도 모르게 태극기 쥔 손에 힘이 들어간다.

이들이라고 해서 당초 듣도 보도 못한 일개 강남 아줌마가 국가 권력을 좌지우지 했다는 사실에 분노하지 않은 것은 아니다. 이후 양파 껍질처럼 벗겨져 나오는 불편한 진실 앞에 가슴이 답답할 뿐이었다. 그런데 태극기 집회에 나가고 눈에 색안경을 끼게 되자 모든 것이 달라졌다.

세상일을 우리 편과 저쪽 편으로 갈라서 보니 마음이 그렇게 편할 수 없다. 저쪽 말은 무조건 선동·모략·거짓이고, 우리 쪽 것은 당연히 진실·정의·애국이다. 사실관계나 출처를 따지거나 캐물을 필요가 없다. 가짜 뉴스냐, 대안적 사실(alternative facts)이냐 보다 중요한 것은 내 마음의 평화, 우리 편의 단합이다.

이렇게 형성된 묻지마 심리는 곧 묻지마 지지로 이어진다. 정치라고는 한 번 해본 적도 없고, 선거 출마 선언도 하지 않은 평생 임명직 공무원에게 구세주가 되어 달라고 손을 내민다. 종북 좌파를 막아내고 태극기를 지켜주기만 한다면 누군들 어떻겠느냐는 구원 심리다.

1954년 미국의 어느 종교단체 신도들이 곧 지구가 멸망할 것이라는 교주의 예언에 따라 직장과 가족을 버리고 한 자리에 모여 구원의 비행접시를 기다렸다. 교주가 예언한 시간이 되어도 지구는 멸망하지 않고 비행접시도 나타나지 않았다. 일부 신도는 어리석음을 깨닫고 자리를 떴지만 다른 신도들은 놀랍게도 더 깊은 신앙을 보였다. 하나님이 시험한 것인데 자신들은 신앙심으로 그걸 통과했다고 믿는 것이다. 현장에서 이 과정을 관찰한 사회심리학자 레온 페스팅거는 눈앞에 보이는 것과 믿는 것이 다를 때 어떻게든 불편함을 해소하려는 심리가 발동한다는 사실을 밝혀내고 이를 인지부조화 이론이라고 이름 붙였다.

헌재에서 인용결정이 나오면

인지부조화를 해소하는 방법은 세 가지다. 자기 행동을 바꾸거나, 자신에게 유리한 정보를 찾거나, 자기 합리화를 하는 것이다. 지금 태극기 세력은 두 번째 방법, 즉 보고 싶은 것만 보고, 듣고 싶은 것만 들으며 인지부조화를 해소하고 있다. 조만간 헌재에서 원하지 않는 방향의 결정이 나오면 또 어떻게 인지부조화를 해소하려 들지 걱정스럽다.

(내일신문 2017.03.08)

'샤이 박근혜'는 없다

'거국중립내각이 우선이다', 아니다 '질서 있는 퇴진이 최선이다' 하며 백가쟁명식으로 벌어지던 야권의 논란을 일거에 잠재운 것은 청와대의 강공 모드다.

박근혜 대통령이 돌연 "탄핵? 할 테면 해보라"고 사실상 자청하고 나오면서 여러 갈래의 전선이 하나로 수렴됐다. 대통령의 버티기 입장이 분명해진 이상 다른 선택지가 사라진 것이다.

탄핵이란 죄지은 공직자를 처벌하고 자리에서 강제로 내쫓는 법적 절차다. 국민의 이름으로 국가 최고지도자를 파면하는 것이다. 대통령으로선 이보다 더한 수치가 없고, 국가로서는 이보다 더한 역사의 불행이 없다.

우리나라보다 민주주의를 앞서 실행한 여러 나라 역사에서 탄핵 사례가 거의 없었던 것은 결코 우연이 아니다. 그들이라고 해서 대통령의 재직 중 비리가 없었던 것은 아니지만, 탄핵만큼은 파국을 막는 차원에서 피해왔다는 뜻이다. 워터게이트 사건으로 임기 중 물러난 미국의 유일한 대통령 닉슨도 탄핵이 결정되기 전 자진해서 사임하는 길을 택했다.

그런데도 박 대통령이 '탄핵 도박'을 감행한 것은 승부에 대한 나름의 계산이 섰다는 의미다. 그 믿는 구석에 '샤이 박근혜'가 있는 것 같다. 미국 대통령 선거에서 겉으로 말은 안 해도 속으로는 도널드 트럼프 후보를 지지한 '샤이 트럼프'(Shy Trump)가 있었듯이 한국에도 그런 숨어있는 지지층이 있을 것이라는 믿음이다.

박 대통령이 전면적인 공세로 전환한 시점이 트럼프 당선 직후라는 점에서 그런 심중이 읽힌다. 사면초가에 빠진 대통령과 친박 세력에게 '샤이 박근혜'라는 개념은 마음의 위안과 함께 적지 않은 자신감을 안겨주었을 터이다.

"100만 촛불만 우리나라 국민인가?"

"그래 우리에게도 침묵하는 다수가 있다. 애국자들은 최순실 모녀 때문에 나라가 결딴나서는 안 된다고 한다. 나부터 흔들리지 말자."

이런 생각이 스멀스멀 올라오는 순간, '대통령 지지율 5%로 추락'이니, '광화문에서 100만 명 촛불시위'니 하는 보도는 더 이상 귀에 들어오지 않는다. "촛불은 바람 불면 꺼지게 돼 있다."느니 "거리에 나온 100만 명만이 나라 국민이냐"하는 말이 거침없이 나온다.

박 대통령은 두 번의 대국민 사과를 할 때, 또 국회의장을 방문해 총리지명권을 국회에 넘기겠다고 할 때 분명 죄인의 몸짓을 보였다. 침통한 표정으로 잘못을 시인하고 용서를 구한다고 했다. 검찰 조사도 받겠다고 했다.

그러나 며칠 뒤 얼굴에 미소를 띠기 시작했고 '사람한테는 잠이 최고'라고 말하는 여유를 찾았다. 박근혜-최순실 게이트와 관련된 몇 가지 언론보도를 '오보와 괴담'으로 규정하고 비판 공세에 나섰다.

뚜렷한 이유 없이 검찰 조사 약속을 뒤집더니, 대통령을 '피의자'로 결론 내린 수사결과에 대해 "상상과 추측을 거듭해 지은 사상누각"이라고 정면 부인했다. '샤이 박근혜' 이후 달라진 모습이다.

그렇다면 '샤이 박근혜'는 과연 어디에 얼마나 있을까. 대통령이 공세로 전환한 즈음부터 목소리를 높이는 이들이 있긴 하다. 일부 극우집단이다.

이들은 최순실 비리가 한창 터져 나올 때 할 말을 잊었는지 거의 입을 다물고 있더니 어느 순간부터 언론 보도를 '박근혜 죽이기 선동'이라고 싸잡아 비난한다. 며칠 전 광화문 네거리에 걸린 모 정당 명의의 플래카드는 "일당 받고 대통령 하야 집회 참석하는 자들, 다 구속 수사하라", "박 대통령 만세, 비상계엄 선포하라"라고 쓰고 있다.

'박근혜 투표' 반성하는 고백 잇달아

하지만 이들을 '샤이 박근혜'라 할 수는 없다. '샤이 000'이라고 하면 특정인을 변함없이 좋아하지만 차마 부끄러워 그 말을 못 하는 사람이어야 한다. 공개적으로 '대통령 만세'를 외치는 사람은 굳이 영어로 표현하자면 '세임리스(shameless 부끄러움이 없다는 뜻) 000'이다.

정작 '샤이 박근혜'는 대통령의 기대와 달리 급격히 줄고 있다. "지난 대선 때 박근혜에 투표한 것을 반성한다."는 용기 있는 고백이 SNS 상에 잇따른다.

정치 촉(觸)이 탁월하다는 검찰은 대통령을 향해 칼끝을 들이댄다. 검찰 수사가 끝나면 곧이어 특검 수사도 받아야 한다. 이 외중에 보호막이 돼줄 청와대 비서관, 장관은 하나 둘 떠나간다.

(내일신문 2016.11.25)

안대희와 정종섭의 경우

정치인과 연예인의 공통점 중 하나는 '막 호칭'에 있다. 신문·방송처럼 공개된 자리에서야 김무성 의원, 문재인 의원 하는 식으로 이름 뒤에 직책을 붙여 부르지만, 사석에선 "김무성이가 말이야", "문재인이도 그래" 하는 식으로 쉽게 야자를 튼다. 그 정치인이 동네 친구도 아니고 학교 후배도 아니지만 그렇게 막 호칭을 해도 무례하다는 생각이 들지 않는다.

법관이나 학자라면 어떨까. 공개된 자리가 아니라 해도 함부로 이름을 부르려 하면 왠지 어색하다. '아무개 판사' 또는 '누구누구 선생님'이라고 예의를 갖춰 불러야 마음이 편하다. 정치인과 달리 이들 직업인은 존경의 대상이라는 인식이 은연중 깔려 있기 때문이다.

정치인과 연예인이 대중의 인기를 먹고 산다면, 법관과 학자는 그만큼 권위를 기반으로 존재한다. 연예인이 정계로 나간다고 하면 좋아하거나 싫어하거나 감정정리를 쉽게 할 수 있지만, 법관이나 학자가 정치하겠다고 하면 보는 이의 시선이 못내 불편한 이유다. 그들에게 보내온 사회적 경외심이 정치판이라는 소용돌이 속에서 일순 허물어질 것으로 예감하는 것이다.

그런 점에서 이번 총선에서 나의 눈길을 끈 출마자는 안대희, 정종섭 두 후보다. 내가 사는 지역인 마포 갑에 나온 안대희 후보는 법관 중에서도 가장 명예로운 대법관 출신이고, 대구 동구 갑에 나온 정종섭 후보는 우리

나라 최고 학부인 서울대 법대 학장 출신이다. 판검사 출신 정치인이야 그동안에도 여럿 있었지만 대법관을 지낸 사람이 선거에 나선 전례는 이회창 전 한나라당 총재 말고는 없다. 대학 교수 중에 정치판을 기웃거리는 폴리페서가 부지기수라고 하지만 서울대 학장 출신으로 지역구에 출마한 경우가 또 있었는지 모르겠다.

투박하고 엉성한 낙제점 연설

선거는 본질적으로 마음 얻기 경쟁이다. 남의 마음은 두뇌로 얻어지는 게 아니다. 몸으로 뛰고 발로 얻어야 하는 게 표심이다. 처음 보는 사람도 백년지기나 되는 것처럼 뜨겁게 얼싸안아야 하고, 발바닥에 땀이 나도록 골목을 누비고 다니며 구애(求愛)를 해야 한다. 때로는 대로변에서 무릎도 꿇어야 하고, 머리가 땅에 닿도록 큰 절을 올리기도 해야 한다.

여기서는 이 말, 저기서는 저 말, 때와 장소에 따라 사람들이 듣기 좋아하는 말을 골라서 할 줄도 알아야 한다. 눈앞에 청중이 없어 허공에 대고 외쳐야 하는 쑥스러운 상황에서도 마치 백만 군중 앞에서 하는 유세처럼 진정성 있게 목청을 높여야 한다.

숙련된 정치인에게 이 정도는 사실 누워서 떡먹기다. 하지만 엄격한 잣대로 남의 잘잘못을 재단하고 학문의 진리와 이상을 설파하는 일로 평생을 보낸 사람에게 이는 결코 쉬운 일이 아닐 것이다.

선거 기간 중 안대희 후보와 악수를 한 적이 있다. 아파트 입구에서 후보자가 출근길 유권자에게 인사하는, 어디에서나 흔히 볼 수 있는 장면이다. 그런데 스쳐 지나가는 그 짧은 순간이 여느 정치인과는 사뭇 달랐다.

그는 내 눈을 정면으로 보지 못했고, 손을 내미는 자세 또한 매우 부자연스러웠다. '험지' 출마를 감행할 만큼 마음 단단히 먹은 줄 알았더니 초

면의 유권자를 상대하는 정치 테크닉은 거의 체득하지 못한 것 같았다. 그의 선거 사이트에 들어가 동영상 파일을 클릭해 보니 대중 연설은 아예 낙제점에 가까웠다. 정치인의 언술이라고는 할 수 없을 정도로 투박하고 엉성했다.

딱 하나, 정치인으로의 변신을 실감케 하는 것은 그가 명함에 새긴 막 호칭이다. 마포를 바꾸겠다는 의미에서 슬로건을 '대희야 바꿔라'라고 했는데, 이로써 우리는 전 대법관을 향해 '대희야'라고 부를 수 있게 된 것이다.

박 대통령을 예수에 비유하는 발언까지

정종섭 후보는 학자 출신에 남아있는 일말의 품격을 스스로 내던지고 막 호칭을 선택한 케이스다. 행정자치부 장관으로 새누리당의 '총선 필승' 건배사를 한 것이나, 선거에 나서 소위 진박(진실한 친박) 브랜드를 내세우고, 박근혜 대통령을 예수에 비유하는 발언까지 하는 것을 보면 그가 얼마 전까지 권위 있는 헌법 학자였던 게 맞나 의심이 들 정도다.

한 사람은 떨어지고 다른 사람은 당선된 이유 중 하나가 이런 저급한 차이에 있다면 국민의 한 사람으로서 무척이나 유감스럽다. 국회의원 배지가 그렇게도 좋은 것일까.

(내일신문 2016.04.19)

감정 어림짐작 선거

　우리나라에서 선거는 다분히 감정 게임이다. 이성과 논리보다 정서와 느낌으로 승패가 결정된다. 유권자는 자기가 좋아하는 정당 또는 그 정당의 후보에 표를 준다. 왜 좋아하는지 이유는 중요하지 않다. 대개의 경우 묻지도 따지지도 않는다. "사랑하는데 무슨 이유가 필요한가?" 대놓고 입 밖에 내지 않아도 누군가로부터 있을지도 모르는 무언의 비난에 이런 방어기제를 갖는 것으로 족하다. 그렇게 사랑하게 된 배경이 보수 또는 진보라는 이념이라고, 지역적 동질성이라고, 또는 떡고물 기대심리라고 털어놓을 필요는 없다.

　그러니까 정당 입장에서 최고의 선거 전략은 국리민복(國利民福)에 충실한 정책 제시에 있는 게 아니다. 머리 좋은 전문가들이 아무리 심사숙고해 질 높은 공약집을 만들어낸다 해도 선거에 미치는 영향은 지극히 미미하다. 4·13 총선이 한 달도 안 남은 지금까지 우리는 어느 당이 무얼 내걸었고 무얼 약속했는지 거의 알지 못하지만 별 불만이 없다. 그걸 보고 투표하는 게 아니기 때문이다.

　중요한 것은 이성이 아니라 감성이다. 적지 않은 유권자는 자기 이익에 따라 투표하지 않는다. 자기 이익에 반하는 정당이어도 느낌이 좋으면 표를 준다. 그게 자기가 동일시하고 싶은 대상일 때도 있고, 자기 정체성과 가치관에 부합한다고 믿는 대상일 때도 있다. 가난한 사람이 부자 정당을 지지하는 바로 그 이유다.

감성은 역대 선거에서 번번이 위력을 나타냈다. 17대 총선에서 열린우리당의 압승을 가져다 준 노무현 대통령 탄핵 역풍이 그렇고, 18대 총선에서 친박연대 또는 친박무소속연대라는 해괴한 이름의 정당이 무려 26석이나 얻은 친박 돌풍이 그렇다. "국민이 뽑은 대통령을 국회가?" 하는 반감, "나도 속고 국민도 속았다."고 한 박근혜 당시 한나라당 대표의 절규가 친노, 친박 유권자들의 심금을 울린 것이다.

경험이나 직관에 따라 신속히 결정

이번 20대 총선을 앞두고 여야에서 터져 나오는 공천 파동은 어떨까. 낙천 당사자들이야 앙앙불락하며 '국민의 심판' 운운하지만 선거 판도에 영향을 줄 정도는 아니다. 무원칙한 '공천 학살'이 일정한 공분을 부르는 것은 사실이지만 그게 유권자의 집단행동으로 연결될 것으로 보기는 어렵다. 이들 낙천자들에게는 유권자 감성을 자극하는 노무현·박근혜 급의 카리스마가 없기 때문이다.

여야가 제3자의 눈으로는 얼핏 이해하기 어려운 과감한 공천을 감행하는 것은 이런 감성의 한계를 꿰뚫어 보고 있다는 얘기다. 지금은 계파공천이다, 친박 독식이다, 해서 시끄럽지만 얼마 뒤 여야 대진표가 짜여 선거벽보가 붙을 때쯤이면 까맣게 잊힐 것으로 보는 것이다. 사실 자기 동네 현역의원의 이름조차 가물가물한 유권자 입장에서 이 후보나 저 후보나 무슨 차이가 있겠는가. 인물보다 정당에 투표하는 게 우리네 습성인 것이다.

가지고 있는 정보나 시간이 모자라 체계적 합리적 판단을 할 수 없을 때, 경험이나 직관에 의해 신속히 의사결정을 내리는 것을 휴리스틱(heuristic)이라고 한다. 우리말로 번역하면 어림짐작이다. 감성 투표도 모자라 이번 총선에는 어림짐작이 판을 칠 기세다. 내가 사는 지역 출마 후보에 대해 정보도 없고 파악할 시간도 없기 때문이다. 선거구의 금이 새로 그어진 게 겨우 엊그제인데, 출마할 후보는 아직도 다 정해지지 않았다.

민주주의에 편향과 오류 가져와

비례대표를 뽑는 정당 투표에 이르러선 어림짐작이 더 필요하다. 아무리 정치가 생물이라지만 요즘 정치권의 이합집산은 눈이 어지러울 지경이다. 어제의 야당 3선이 오늘의 여당 후보가 되고, 오늘의 여당 중진이 내일의 야당 후보가 된다. 박근혜 정권의 산파역을 한 인물이 갑자기 제1야당 대표가 되더니 비례대표 명단에 자기 이름을 올리고, 그 제1야당의 당내 패권주의를 비난하며 뛰쳐나온 제2야당에선 다시 야당끼리 합치자는 얘기도 나온다.

여당에선 대통령에게 밉보인 한 중진 의원의 공천문제를 놓고 온갖 치졸한 행태가 노골적으로 벌어진다. 어느 한 정당을 이성적으로 판단해 선택하려면 복잡한 셈법을 동원하지 않으면 안 된다. 그러느니 그저 느낌으로 좋아하는 정당을 고르는 쪽이 편하다. 이게 감성 선거, 휴리스틱 선거다. 문제는 휴리스틱 선거가 민주주의에 편향과 오류를 가져온다는 점이다. 이번엔 더 그럴 것 같아 걱정이다.

(내일신문 2016.03.22)

"뼈를 묻겠다."는 거짓말

선거철이 되면 늘 되풀이되는 정치 거짓말이 있다. 지역구에 출마한 국회의원 후보자들이 해당 지역에 뼈를 묻겠다고 하는 말이다.

이번 20대 총선을 앞두고도 대구에 출마한 경기도지사 출신의 후보는 "대구에 뼈를 묻겠다."고 했고, 수도권에서 내리 3선을 한 뒤 광주에 출마한 야당 의원은 "광주에 뼈를 묻겠다."고 했다. 조만간 정당 공천이 마무리되어 지역구별 출마 후보가 정해지면 이런 매골(埋骨) 언약은 또 한 번 봇물 터지듯 쏟아질 것이다.

왜 하필 "뼈를 묻겠다."고 할까. 특정 지역에 뼈를 묻으려면 숨을 거둘 때까지 그 곳에 거주해야 한다는 생물학적 전제가 깔려 있다.

불가피하게 그 지역을 떠날 경우 "나 죽으면 내 뼈는 저쪽에 묻어 달라"고 생전에 유언을 해놓아도 된다. 그러니까 어느 조직이나 단체를 위해 평생 헌신하겠다는 의지를 이보다 더 강하게 나타내는 말은 없다.

뻔한 거짓말인 줄 알지만 경쟁 후보 측에서 공격 재료로 삼는 단골 메뉴도 이 매골 발언이다. "언제는 서울 동작에 뼈를 묻겠다고 하더니 왜 전주로 왔느냐", "지난번엔 대구에 뼈를 묻겠다고 하더니 염치도 없이 수도권으로 옮겼느냐" 등등.

하지만 "뼈를 묻겠다."는 정치적 언약은 역설적으로 우리 정치의 후진성을 상징적으로 나타낸다.

국민은 안중에 없이 진행되는 정당 공천과 표를 얻기 위해서라면 무슨 말이든 할 각오가 돼 있는 후보자, 그리고 선거를 내 고장 발전의 기회로만 여기는 유권자들의 지역이기주의 문제가 이 말 속에 복합적으로 녹아 있다.

정치 후진성 상징적으로 드러내

　"뼈를 묻겠다."고 하는 후보자를 보면 이런저런 사정으로 해당 지역에 새로 뛰어든 경우가 많다. 미리 터 닦고 있는 기존 후보자들보다 상대적으로 지역적 기반이 취약하다. 초등학교 졸업 이후 한 번도 가보지 않은 어릴 적 고향이라거나, 이동이 잦은 부모 직장 때문에 유치원 잠깐 다닌 정도의 연고만 있는 타향인 경우다. 아무리 궁리를 해보아도 갖다 붙일 연고가 없으면 "이제부터 이곳을 저의 제2의 고향으로 삼겠다."고 말하기도 한다.

　국회의원 선거는 출마지역의 제한이 없다. 지방의원은 해당 지역에서 일정 기간 거주해야 출마 자격이 주어지지만 국회의원은 대한민국 어디에서든 출마할 수 있다. 학연·지연·혈연은커녕 해당 지역구에 눈곱만큼의 인연이 없어도, 속된 말로 태어나서 그 쪽으로 오줌 한번 누지 않아도 출마하는 데 제약은 없다. 국회의원은 지역의 대표이면서 동시에 국민의 대표자라는 이중적 지위를 갖고 있기 때문이다.

　하지만 이는 법에 나와 있는 지극히 형식적인 논리일 뿐이다. 거주지 제한이 없다고 해서 서울 주소지를 그대로 둔 채 지방 선거구에 출마하는 후보자는 없다. 출마하려는 지역구에 전세든 월세든 얻어서 이사를 해 놓아야 유권자들 앞에 나설 수 있다. "뼈를 묻겠다."든지 "제2의 고향"이라든지 하는 정치적 수사(修辭)는 그 이후에나 할 수 있는 말이다. 국회의원이 국민과 지역을 동시에 대표하는 이중적 지위의 소유자라고 하지만, 대부분의 유권자들이 원하는 국회의원은 국민보다 자기 지역을 위해 힘쓸 지역 대표다. 후보자들이 "뼈를 묻겠다."는 표현을 직접 쓰지 않더라도 너나 할 것 없이 '지역 일꾼'을 내세우는 이유가 거기에 있다.

장기판의 말처럼 차출되는 후보들

지역 일꾼이 되려면 지역 사정에 밝아야 한다. 지역 주민의 정서와 이해 관계는 물론 그 지역 형성의 역사적 배경과 경제 산업 구조까지 꿰고 있어야 한다. 그래야 제대로 된 일꾼 역할을 할 수 있다. 그런데 본인의 의지와는 상관없이 당의 선거 전략 차원에서 장기판의 말처럼 차출되다시피한 후보자가 지역 선거구에 대해 무얼 얼마나 알 것인가. 심지어 강원도에선 어느 지역이 어느 선거구로 묶일지 알 수 없는 상황이 바로 엊그제까지 지속됐다.

선거구 선긋기를 끝내놓고 보니 선거가 한 달 보름밖에 남지 않은 시점이다. 이 짧은 시간에 새로 짜인 선거구의 사정을 파악하고 실현 가능한 정책 비전을 세워 공약으로 제시한다는 것은 사실상 불가능에 가깝다. 이번 총선에서도 후보자들은 "뼈를 묻겠다."고 외치고, 유권자들은 누구 뼈가 더 단단한지를 가리는 것으로 만족해야 할 것 같다.

(내일신문 2016.02.29)

투표 전날의 단상(斷想)

내일이 4년에 한 번씩 돌아오는 지방선거일이다. 흔히 지방자치를 풀뿌리 민주주의라 하고, 선거를 민주주의의 꽃이라 한다지만 현실에서 이런 아름다운 말을 실감하기는 어렵다. 눈앞에 보이는 것은 자치가 아니라 중앙에 예속된 지방과, 꽃이 아니라 진흙탕 같은 선거일뿐이다.

우리 지방선거는 무기명으로 치르는 수능 같다는 생각을 해본다. 진짜 수능은 이름을 안 쓰면 0점 처리되지만 이 시험은 이름을 쓰면 0점 처리된다. 개인별 통지는 없고 지역마다 성적표가 뭉뚱그려 나온다. 하지만 시험을 잘 보면 똑똑한 시민, 잘 못 보면 개념 없는 시민이라는 평가를 받는다는 점에서 본질은 크게 다르지 않다. 진짜 수능이 대학수학능력을 측정한다면 선거라는 시험은 민주주의를 감당할 능력이 얼마나 되는지를 우리에게 묻는다.

대통령 선거나 국회의원 선거는 문제가 비교적 쉽다. 대선과 총선의 후보와 정당, 그 정당이 내거는 주요 정책과 공약은 머리 싸매고 공부하지 않아도 대부분 저절로 알게 된다. 신문과 방송에서 주요 정당의 인물과 공약을 씨줄 날줄로 비교 분석해준다. 어떨 때는 "여기가 문제의 포인트"라고 콕 짚어주기도 한다. 답안지에 적을 후보와 정당을 고르는 데 정보 부족을 크게 느끼지는 않는다.

하지만 지방선거는 딴판이다. 한 사람이 풀어야 할 문제가 7개나 되는데도 시중에 나도는 참고 정보는 대선이나 총선 때보다 훨씬 적다. 평소 지방정부에 관심 가진 사람이 아니라면 답지를 메울 길이 막막하다. 고백하자면 나 역시 마찬가지다. 명색이 신문기자인데도 내가 사는 동네 의회가 어떻게 돌아가는지 유심히 본 적이 없다. 그러니 어느 정당의 어느 의원이 어떤 활동을 했는지 아는 게 없다. 이대로 시험장에 들어갔다간 꼼짝없이 묻지마 기표를 할 판이다. 부랴부랴 집으로 배달된 선거공보물을 꺼내들고 벼락치기 공부에 나섰다.

우편 봉투를 열자 유인물이 와르르 쏟아진다. 우리 동네 후보자 20명의 책자형 선거공보물이 무순(無順)으로 뒤섞여 있다. 바닥에 흩어진 유인물을 주섬주섬 주워 이건 서울시장, 이건 시의회, 이건 교육감 하는 식으로 구분해가며 훑어본다. 애초 봉투에 넣을 때 단체장은 단체장끼리, 의원은 의원끼리 선거종별로 묶어놓았다면 보기 편했을 텐데 유권자 중심 마인드가 부족하다는 생각이 든다.

유인물을 살펴보니 시장과 구청장, 교육감 후보들 중에는 낯익은 이름들이 여럿 눈에 띈다. 여기선 선택이 어렵지 않다. 어느 신문에서 선거는 '과거를 심판'하는 게 아니라 '미래를 선택'하는 것이라고 했지만 내 기준은 미래가 아니라 과거다. 선거 때만 되면 나오는 입에 발린 말을 믿었다가 후회한 적이 어디 한두 번인가. 그 정당 그 후보자가 살아온 길, 걸어온 행적을 보고 판단하는 게 경험칙 상 정답에 가장 가깝다. 미래를 이야기하는 선거공약이란 투표일만 지나면 어디론가 흩어지는 한 줄기 바람과도 같기 때문이다.

문제는 과거를 알 수 없는 경우다. 광역의회, 기초의회 후보자들의 면면을 보니 내가 아는 이가 없다. 선거공보물에 나타난 그들의 과거 행적에도 이렇다 할 변별요인은 안 보인다. 개중에 누구는 전과 6범, 누구는 음주운

전 기록이 있지만 이런 후보는 소수여서 최종 선택을 하는 데 별 도움이 되지는 않는다. 답을 못 골랐으니 방법은 두 가지다. 7종의 선거 중 일부는 기권을 하든지, 아니면 인물이 아니라 정당을 보고 표를 던지는 것이다. 그러고 보니 비례대표 선거공보물은 후보자의 전·현 직책만 간략히 소개할 뿐 개인의 과거사에 대해서는 언급조차 없다. 정당이 알아서 선정했으니 국민은 묻지도 따지지도 말고 무조건 찍으라는 말로 들린다. 여야가 기초단체 공천을 하느냐 마느냐를 놓고 그렇게 시끄럽게 굴더니 결국 이러려고 공천 폐지 약속을 번복했나 싶다.

묻지마 줄투표라고 해서 의미가 없는 것은 아니다. 지방선거에 중간평가의 성격이 있다면 줄투표는 정권 심판의 민의를 가장 확실하게 보여주는 방법이다. 서울시내 구청장 선거에서 8년 전엔 당시 야당이던 한나라당이, 4년 전엔 민주당이 싹쓸이한 게 대표적이다. 하지만 줄투표가 반복되면 풀뿌리 민주주의는 설 자리가 없어진다. 공천이 곧 당선으로 이어지는 선거에서 유권자는 존중받을 수 없다. 여기까지 생각이 미치자 어떻게 해야 하나 고민이 커진다. 이제 와서 달리 방안이 없으니 이번까지는 줄투표를 해야 하지 않을까. 아무래도 벼락치기 시험공부는 좋은 방안이 아닌 것 같다.

(경향신문 2014.06.03)

형식주의자 박근혜

중학교 때 복장검사, 용의검사 같은 것을 담당하던 학생지도 선생님은 절도를 중요시했다. 예를 들어 거수경례를 할 때 오른손이 곧게 펴지지 않고 구부러져 있거나 손바닥이 보인다 싶으면 불러다 혼쭐을 내곤 했다. 그럴 때 선생님 하는 말이 "형식이 내용을 지배한다는 거 모르나?"였다. 그걸 선생님은 '박 대통령의 말씀'이라고 강조했다. 그 덕분에 "형식이 내용을 지배한다."는 말은 내 머릿속에 박정희 대통령의 어록으로 각인돼 있다. 대학 시절, 또는 군대에서 비슷한 상황에 처하면 농담 삼아 이 말을 써먹은 기억이 있다.

박정희 대통령이 진짜 그런 교시를 내렸는지 확인하지는 못했다. 얼마 전 박정희기념도서관에 들어가 박정희 어록을 살펴보니 그런 말은 안 나와 있다. 그런데 지난해 6월 박근혜 대통령이 똑같은 말을 해 깜짝 놀랐다. 남북 장관급회담에서 북측이 격(格)에 안 맞는 하위직 인사를 지명했다는 이유로 "형식이 내용을 지배한다."며 회담을 무산시켜버린 것이다. 당시 이정현 청와대 홍보수석은 박 대통령이 평소에 이 말을 종종 한다고 소개했다. 내 기억과 이 전 수석의 기억이 틀림없다면 박 대통령의 형식주의는 아버지에게서 물려받았다는 얘기가 된다. 그렇다면 이건 박근혜 정부의 국정철학을 읽어내는 하나의 독법이 될 수 있겠다는 생각이 든다.

최근 신문에 실린 두 사진이 내 눈을 잡아끈다. 박 대통령이 최경환 경제부총리를 비롯한 2기 내각 각료들에게 임명장을 수여하는 모습과 박 대통령이 수석비서관회의를 주재하는 장면이다. 임명장 수여 사진을 보면 대통령 앞에서 부총리와 장관들은 일렬횡대 부동자세로 서 있다. 한 명 한 명 호명이 되면 대통령 앞으로 나가 깍듯이 허리 굽혀 악수하고 임명장을 받은 뒤에는 다시 자리로 돌아와 서 있으라는 행동지침을 받았을 것이다. 수여식이 진행되는 동안 부총리나 장관은 지도선생님 앞에 선 학생과 별반 다를 게 없다. 허리 곧추세우고 양팔을 바지 재봉선에 붙이고 눈동자도 함부로 돌리지 말아야 한다. 청와대 밖을 나가기만 하면 자동차 문도 자기 손으로 열 필요가 없는 귀한 몸이 되지만 이 순간에는 그런 영예가 누구 덕분에 가능한지 온몸으로 느끼게 된다. 모든 장·차관은 이 과정을 다 거치게 돼 있으니 대통령으로서는 내각을 장악하는 데 매우 유용한 절차다. 이때의 형식이 대통령과 내각의 관계라는 내용을 지배하는 셈이다.

임명장 수여 형식이 박근혜 정부 고유의 것은 아니다. 이명박·노무현 전 대통령 때도 같은 방식으로 임명장을 수여하는 게 관례였다. 하지만 대통령과 장관의 이격거리는 지금이 가장 멀어 보인다. 21세기 정보화 시대에 이런 구태의연한 의식이 왜 필요한지도 의문이지만, 이 정부 들어 유난히 먼 거리가 대통령의 권위적 형식주의를 상징하는 것 같아 보기에 불편하다.

대통령이 수석비서관회의를 주재하는 모습도 그렇다. 사진을 보면 대통령만 빼고 비서관들 앞에 노트북이 켜져 있다. 얼굴을 가릴 정도는 아니지만 마주보고 대화하기에는 거추장스러워 보인다. 얼마나 많고 얼마나 디테일한 논의를 하기에 비서관들조차 컴퓨터를 보면서 회의해야 하는지 알 수가 없다. 물론 노트북 회의도 이전 정부에서 보아온 형식이긴 하다. 그러나 박근혜 정부 들어 하나가 더 보태졌다. 대통령의 교시를 종이에 열심히 받아 적는 일이다. 상대방 얼굴을 감히 쳐다보지 못하고 컴퓨터를 보거나 말씀 받아 적기 바쁜 자리에서 자유로운 의사소통이 이뤄지기는 어렵다. 세월호 사고가 났을 때 비서실장이 대통령에게 뛰어가지 않고 전화와 서면으로만 보고했다는 것은 상식적으로 납득이 안 되지만 이런 회의장면을 떠올리면 고개가 끄덕여지기도 한다. 형식이 내용을 지배한 것이다. 오죽하면 장관들이 대통령에게 대면보고를 받아달라고 요청하기까지 했을까.

'임명장 통치'와 '노트북 회의'는 우리나라에만 있는 형식이다. 구글에서 이미지 검색을 해보면 중동의 한 두 나라를 제외하곤 세계 어느 나라 정부도 노트북을 앞에 두고 회의를 하지는 않는다. 버락 오바마 미국 대통령이 비서관 또는 장관들과 회의하는 모습은 자유분방하기 이를 데 없다. 장관이 대통령 앞에서 삐딱하게 앉고 다리를 꼬기도 한다.

형식이 내용을 지배한다는 이론은 맞을 수도 있고, 틀릴 수도 있다. 시대와 상황에 따라 달라진다. 그럼에도 박 대통령이 변함없이 이 이론을 신봉한다면 스스로 형식을 바꾸면 된다. 딱딱하고 근엄한 형식에서 자유롭고 민주적인 형식으로. 그렇게 형식이 변화하면 지배하는 내용도 필경 달라질 게 아닌가.

(경향신문 2014.07.22)

박근혜의 유신

기억의 수명은 생각보다 길다. 사람이 망각의 동물이라고 하지만 어렸을 때 입력된 기억들은 어른이 되어서도 좀체 지워지지 않는다. 수십 년 동안 까맣게 잊고 지내다가도 어느 날 모종의 신호라도 받으면 엊그제 인화한 필름처럼 선명하게 재현된다. 복원 속도도 놀랍다. 세월의 두께를 감안하면 머릿속의 저 아득한 곳, 켜켜이 쌓인 기억더미 맨 아래층에 있었을 것 같은데 재생될 때는 거의 빛의 속도로 달려 나온다.

지난 5일은 국민교육헌장이 선포된 지 45년이 되는 날이었다. '우리는 민족중흥의 역사적 사명을 띠고 이 땅에 태어났다'로 시작하는 이 헌장이 나왔을 때 대한민국은 일대 외우기 경연장이 됐다. 대통령—장관—교육감—교장으로 이어지는 국가교육 지휘체계는 모든 학교 모든 학생에게 완전 암기를 명령했고, 학생들은 일일이 선생님 앞에서 테스트를 받아야 했다. 393자로 된 헌장 전문을 막힘없이 술술 외우지 못하면 급식 빵을 받지 못하거나, 회초리로 맞거나, 아니면 어두워질 때까지 집에 갈 수 없었다. 얼마 뒤에는 국민교육헌장가(歌)도 나와 교실마다 한 소절씩 이어 부르는 돌림노래를 하곤 했다. 당시 학교를 다닌 세대들은 그래서 이 헌장을 최소한 몇 단락씩은 45년이 지난 지금까지 또렷이 기억한다.

요즘 이 나라가 유신시대로 회귀하고 있다고 한다. 유신 하면 떠오르는 연관어가 국민교육헌장이다. 유신은 1972년, 국민교육헌장은 1968년에 나왔으니 4년의 시차가 있다. 하지만 유신의 시발이 국민교육헌장이다. 국가가 시키면 국민은 시키는 대로 해야 하며 또한 반드시 할 수 있다는, 국가에 의한 국민정신 개조작업은 그때부터 시작됐다. 박정희 전 대통령 스스로 "10월 유신은 국민교육헌장의 이념과 기조를 같이한다."고 밝힌 적도 있다.

옛 기억을 되살려 헌장을 외워보자. "…우리의 처지를 약진의 발판으로 삼아 창조의 힘과 개척의 정신을 기른다. (중략) 우리의 창의와 협력을 바탕으로 나라가 발전하며, 나라의 융성이 나의 발전의 근본임을 깨달아, 자유와 권리에 따르는 책임과 의무를 다하며, 스스로 국가건설에 참여하고 봉사하는 국민정신을 드높인다. 반공 민주 정신에 투철한 애국 애족이 우리의 삶의 길이며…."

여기까지 읊조리다 보면 어디서 많이 들어본 말처럼 느껴진다. 그렇다. 박근혜 대통령의 언어나 화법과 비슷하다. 창조의 힘은 창조경제, 나라의 융성은 문화융성을 연상시키고 개인의 자유나 권리보다 책임과 의무, 나라발전을 강조하는 문법도 흡사하다. 박 대통령이 생각하는 통치이념의 기저에 국민교육헌장이 깔려 있는 것은 아닐까.

최근 사람들을 깜짝 놀라게 한 그의 초강경 발언도 이 맥락에서 보면 그다지 놀랄 일이 아니다. "국론분열 행위 용납 않겠다.", "자유민주주의에 대한 부정, 엄두도 못 내게 하겠다." 이건 그 옛날 아버지 박정희의 언어다. 대통령이 되기 전에는 이런 언어를 사용할 이유도 필요도 없지만, 되고 난 뒤에는 이야기가 달라진다. 아버지의 언어를 쓰고, 아버지의 통치방식을 따르는 것은 박 대통령의 오랜 소망이다. 그가 척결 대상으로 삼는 '종북세력'이란 아버지 시대의 '용공세력', 그가 추구하는 '국민행복시대'란 아버지 시대 '조국 근대화'와 같은 뜻 다른 표현이다.

박 대통령이 지난 2월 청와대에 발을 들여놓을 때 아버지 생각이 많이 났을 게 틀림없다. 아버지를 잃고 비통한 가슴으로 청와대를 떠난 건 33년 전이지만, 그때의 기억을 불러내는 데 걸린 시간은 눈 깜짝할 사이도 안 되었을 것이다. 청와대 내부에는 그의 추억을 일깨워 줄 모티브들이 널려 있다. 어릴 땐 절대 권력자의 총애를 받는 영애(令愛)였고, 꽃 같은 20대에는 퍼스트레이디로 7년을 생활한 바로 그곳 아닌가. 세상 누구에게도 없는 이런 경험과 기억들은 박근혜 정권의 정체성을 규정짓는 주요인이다.

한국 사회에서 자기보다 나이 많은 사람을 부하로 두고 일하는 경우는 흔치 않다. 윗분은 연장자보다 연하자를 선호한다. 하지만 박 대통령은 열 살 이상 많은 연장자를 아랫사람으로 두고도 어색하거나 불편해하는 기미가 없다. 청와대에 입성하는 순간 그의 시곗바늘은 33년 전 옛 시절로 돌아가 있는 것이다. 일흔넷의 비서실장이 역대 최고령이라고 해도 박 대통령 눈에는 아버지 시대 청와대에 근무하던 겨우 마흔 될까 말까한 비서관일 뿐이다. 퍼스트레이디가 되었을 때 그의 물리적 나이는 스물둘에 불과했지만, 외국 정상 부인들과 환담을 나누고 국가유공자를 초치해 다과를 베풀고 청소년들에게 충과 효를 강조할 때의 정신연령은 작고한 어머니 나이쯤 됐다고 봐야 한다. 지금 국가와 국민을 보는 박 대통령의 눈은 그때 그 높이에서 출발한다. 지난여름 아버지와 휴가 갔던 곳으로 휴가를 가 아버지를 회상하며 나뭇가지로 '저도의 추억'을 모래에 새기고, 귀경 직후 '유신 검사'를 2인자로 임명한 것은 '박근혜의 유신'을 알리는 나름의 신호였던 셈이다. 앞으로 우리는 유신의 그림자를 얼마나 더 많이 봐야 할까.

(경향신문 2013.12.10)

이명박의 국가정체성

　이명박 대통령의 최근 발언 가운데 가장 눈길을 끄는 것은 국가정체성에 대한 언급이다. 대선 때 도와준 한나라당 관계자들과 가진 만찬 자리에서 "국가정체성을 훼손하는 아주 넓고 깊은 상황들이 있다."며 "내년에는 확고한 국가정체성을 확립해야 한다."고 한 말이다.

　대통령이 말하는 국가정체성이 무엇을 의미하는지 정확히 이해할 수는 없지만, 이동관 청와대 대변인의 부연 설명을 들어보면 전교조나 역사교과서 같은 문제를 염두에 둔 발언이라는 것을 짐작할 수 있다. 보수진영에서 흔히 말하는 '좌파 척결'을 위한 강경 모드다.

　잠시 시계 바늘을 3년 전으로 돌려보자. 당시 이명박 서울시장은 성신여대 강연에서 "국가정체성 논란은 쓸데없는 에너지 낭비"라고 말했다. 언제는 쓸데없는 낭비라고 하더니 이제 와선 확고히 해야 한다고 하니 어느 쪽이 진짜일까. 혹시 뭘 오해하는 것은 아닐까. 그때 발언을 조금만 더 인용해보자.

> "지금 나라의 정체성이 무너진다, 만다 하며 아주 큰 일 날 것처럼 말한다. 세계 어디에 이런 나라가 있을까 싶은 심정이다. 지금 무슨 보수가 있고, 진보가 있고, 좌익과 우익이 있느냐. 이념을 뛰어넘어 국가는 젊은이에게 일자리와 잠자리를 만들어 줘야 한다."
>
> (2005년 10월 31일 동아닷컴)

3년 전엔 "정체성 논쟁은 낭비"

　다시 봐도 오해의 여지가 없다. 혹 마음에 없는 말을 한 것일까. 당시 그는 차기 대선후보 선호도 1위를 달리고 있었으니 다가올 선거를 염두에 두고 인기를 의식해 말했을 수도 있다. 최근 버락 오바마 미 대통령 당선자의 선거공약에 대해 "선거 때 무슨 말을 못하겠느냐"고 한마디로 폄하하는 것을 보면 그럴 수도 있겠다는 생각이 든다.

　그게 아니라면 대통령이 된 뒤 인식이 180도 달라졌음을 의미한다. 왜 그렇게 변했는지 설명이 없으므로 우리는 저간의 사정을 짐작할 수 있을 뿐이다.

　노무현 대통령 시절, 청와대 관계자로부터 이런 말을 들은 적이 있다. "대통령이 진보 이념의 기치를 들고 보수언론을 강도 높게 공격하면 골수 지지층의 박수가 쏟아진다. 설령 일반 여론은 나빠지더라도 우리 편의 열화와 같은 성원을 맛보면 용기백배해 두 주먹을 불끈 쥐게 된다."

　이 대통령이 과거 자기 생각을 접고 낡은 이념을 들고 나오게 된 연유도 이와 비슷하지 않을까 싶다. 취임 이후 무엇 하나 제대로 풀리는 게 없는데 보수층의 지지 하나라도 확실히 챙기자는 심산 같은 거다. 먹고사는 문제와 별반 관련이 없는 역사교과서 개정에 온갖 무리수를 써가며 집요하게 매달리는 것이나, 사이버 모욕죄나 복면시위 금지 규정과 같이 자유민주주의에는 어울리지 않지만 보수층 입맛에는 쏙 맞는 이념 법안을 불문곡직하고 밀어붙이는 것도 같은 맥락이다. 이념전으로 정권 기반을 다져보자는 것이다.

　하지만 요즘같이 복잡다기화한 사회에서 이념은 한물간 상품이다. 대중적 흡착력이 없다. 일시적으로 자기편을 뭉치게 하는 반짝 효과는 있을지 몰라도 다수의 호응을 장기간 얻어내기란 불가능에 가깝다.

노무현 정권이 국가보안법 폐지, 사학법 개정 등 4대 개혁입법을 들고 나왔을 때를 생각해보라. 진보진영은 바로 이거다 하며 쌍수를 들어 환영했지만 싸움이 격해지고 길어지면서 국민들은 피로감을 느끼게 됐고, 결국 다음 선거에서 열린우리당의 참패로 이어졌다. 훗날 정동영 전 열린우리당 의장은 "4대 개혁입법의 모자를 잘못 썼다."고 했고, 당 의장의 바통을 물려받은 김근태 전 의원은 "백성에겐 밥이 하늘이다."며 회한을 나타냈다. 개혁의 당위성을 부정하는 것은 아니지만 이념전에 집착하다 민심 이반을 자초한 것을 후회한다는 뜻이다.

집권 후 되는 일 없자 말 바꾸기

물론 이념 없는 정권이란 없다. 모든 정권은 자기 가치관에 따라 국정을 운영한다. 하지만 현명한 정권이라면 이런 문제로 요란을 떨지 않는다. 이념각을 세워 갈등과 분열을 초래하는 것은 실패로 가는 지름길임을 알기 때문이다. 오바마가 당선 일성으로 "국민은 이데올로기를 원치 않는다."며 국민 통합을 외친 까닭을 새겨볼 필요가 있다.

(경향신문 2008.12.30)

公安언어의 부활

과거 독재정권 시절 정부가 즐겨 쓰던 단골 언어가 있었다.

'불법집회, 불순한 의도, 사회 혼란, 국론 분열, 배후세력, 유언비어 유포, 주동자 색출, 발본색원, 그리고 법과 원칙에 따른 엄정 대처.'

오랜 시간이 흐른 지금 읊조려도 왠지 으스스한 느낌이 드는 공안(公安) 언어다. 대규모 반정부 집회나 시위가 있을 때 정부는 늘 이런 언어로 된 담화문을 냈다. 여차하면 몽땅 잡아가겠다는 으름장이다. 실제 정부가 이런 담화를 낼 때마다 또 하나의 시국사건은 시작됐고, 국민 생활은 멍들어 갔다.

민주화가 이뤄지면서 이런 단어는 우리 곁에서 하나 둘 자취를 감췄다. 법의 테두리를 벗어나는 폭력시위로 당국에 잡혀가는 사람은 있어도 배후세력이니 발본색원이니 하는 말들은 나오지 않았다. 인터넷 공간에서 낚고 낚이는 일은 있어도 권력의 눈을 피해 지하에서 퍼뜨리는 유언비어는 더 이상 필요 없는 시대가 된 것이다.

그렇게 공안 언어들은 기억의 저편으로 사라져갔다. 시간이 흐르면서 아주 잊혀진 듯했다. 그런데 그 언어들이 요즘 불현듯 살아나 우리 귓전을 다시금 때리고 있다.

"국론분열, 배후세력, 발본색원…"

한승수 국무총리는 얼마 전 미국 쇠고기 개방문제와 관련해 낸 담화문에서 "허위사실을 유포하거나 불법 집회로 국민을 불안하게 하는 행위는 법과 원칙에 따라 엄정하게 대처하겠다."고 했다. 과거에도 담화는 대개 총리 몫이었다.

임채진 검찰총장은 "출처가 불명한 괴담에 혼란을 겪거나 국가 미래가 조직적이고 악의적인 유언비어에 발목 잡히는 일이 없도록 사이버 폭력 척결에 검찰 역량을 집중하겠다."고 했다. 한나라당 대변인은 "국민의 막연한 불안감을 악용해 정치적 목적을 이루려는 세력이 있다."고 지적했고, 공정택 서울시교육감은 "쇠고기 촛불집회의 배후세력은 전교조"라는 취지의 말로 불을 지폈다. 요직에 있는 인사들이 앞서거니 뒤서거니 공안 언어 살리기에 나선 것이다. 급기야 재향군인회는 "반미 친북좌파 세력이 부활을 꿈꾸며 날뛰고 있다. 이들을 일망타진하여 완전 척결해야 한다."는 신문광고를 실어 분위기를 잡았다.

검찰총장이 사이버 폭력이라고 성격 규정을 한 유언비어는 무얼 의미하는 걸까. 촛불집회 참가자들 사이에 떠돈다는 '뇌 송송 구멍 탁'이라는 말은 광우병의 무서움을 상징적으로 표현한 것이니 유언비어라 할 수는 없을 것 같다. 휴교를 알리는 문자 메시지나, 독도를 일본에 팔았다는 따위의 말은 명백히 유언비어이긴 하나, 그저 허무맹랑할 뿐 국가의 미래를 발목 잡는 폭력으로 보기는 어렵다. 결국 이도저도 아니니 공안 언어로 국민 겁주기라는 해석밖에 안 나온다.

정부 당국자의 입에서 겁주기식 공안 언어가 나온다는 것은 정부와 국민의 거리가 그만큼 멀어졌다는 뜻이다. 정부는 국민을 불순세력 또는 불순세력에 놀아나는 집단으로 보고, 국민은 그런 정부를 더욱 불신하면서 마찰의 파고가 높아가는 것이다.

이명박 대통령은 "광우병 얘기하는 사람들, 자유무역협정(FTA)에 반대하는 것 아니냐"고 했다. 미국과의 쇠고기 협상이 타결되면 한우농가 지원 문제가 논란이 될 줄 알았는데 광우병 문제로 흐르더라는 언급도 했다. 매사 색안경을 쓰고 보니까 핵심을 놓치거나 헛발질을 하게 되는 것이다.

국민과 거리 멀어졌다는 의미

우열반 편성, 0교시 허용 등의 학교 자율화 조치를 그 흔한 공청회 한번 않고 발표한 뒤 김도연 교육과학기술부 장관이 보인 반응도 같은 맥락이다. 김 장관은 전교조뿐 아니라 교육계 다수 여론이 반대하자 "전 국민이 환영하고 좋아할 줄 알았다."며 어리둥절해 했다. 이번 쇠고기 촛불집회에 중·고생이 대거 참가한 것을 두고 해석이 분분하지만 교육부의 민심과 동떨어진 교육정책도 촉발 원인 중 하나라는 게 정설이다.

결국 문제는 민심의 이반이다. 여섯 달 전 사상 최대의 표차로 대통령을 만들어준 국민이 왜 벌써 탄핵을 입에 올리고 있는지 그 정치적 의미를 이해하는 게 해결의 단초다. 공안의 추억을 떠올려서는 아무것도 안 된다.

(경향신문 2008.05.13)

선진화(先進化)와 선진화(善進化)

　　몇 해 전 캐나다 밴쿠버에서 연수 생활을 할 때 음주 검문을 받았던 기억이 난다. 경찰이 차를 세우고 창문을 내리게 한 다음 운전자를 향해 경례를 붙이는 것까지는 한국과 같다. 그 다음이 달랐다. 목을 창밖으로 빼고 입술을 오무려 '후'하고 불 준비를 하고 있는 나에게 경찰관은 "술 마셨나요?"라고 물었다. 그래서 "아니요."라고 대답하자 고개를 끄덕이더니 그냥 가라고 했다.

　　그로부터 얼마 뒤 가족과 함께 여행을 떠났다가 미국 피닉스에서 여권이 든 가방을 잃어버려 발을 동동 구른 기억도 있다. 그때가 12월 31일이어서 LA 영사관까지 가 임시여권을 받을 시간 여유가 없었다. 절망적인 심정으로 공항에 나갔더니, 공항 직원이 하는 말이 뜻밖이었다. 밴쿠버행 비행기는 여권이 없어도 태워줄 테니, 거기서 입국심사관에게 자초지종을 얘기해 보라는 것이다. 실제 밴쿠버 공항의 심사관은 내게 "현재 사는 곳 주소는?"이라고 묻더니 대답이 막힘없이 나오자 두말 않고 통과시켜 줬다.

　　내가 겪은 이 두 에피소드는 꽤 특별한 것이다. 일반화시켜 말할 수는 없다. 당시는 9·11 테러가 나기 전이었으니 지금과는 환경도 많이 다르다. 그럼에도 이 경험담을 꺼내는 것은 선진화에 대한 생각 때문이다.

경제가 전부인 李정부 선진화

이제 막 출범한 이명박 정부의 국정목표가 선진화다. 이 대통령은 취임사에서 선진화라는 단어를 15차례 언급했다. 그리고 "올해를 선진화의 원년으로 선포한다."고 말했다. 이 대통령의 스타일로 미뤄보면 조만간 선진화라는 이름의 대대적 국가 개조작업이 벌어질 판이다. 지금은 인수위 시절 까먹은 표를 의식해 입조심하고 있는 듯 보이지만, 4월 총선에서 예상대로 여당의 과반 의석이 확보되면 선진화 바람은 거세게 불 것이다.

그런데 솔직히 말해 나는 대통령이 추구하는 선진화가 무엇인지 잘 모른다. 대선 때 줄곧 외친 경제 살리기나 기초 질서 바로세우기는 무슨 말인지 알겠는데, 그 이상의 개념은 머릿속에 좀체 그려지지 않는다. 경제성장과 법질서 확립이 선진화의 한 요건이라 해도 그게 전부가 될 수 없음은 물론이다.

대통령 취임식에 참석한 한 인사에게 단하의 티끌에 대한 얘기를 들은 적이 있다. 단상에서는 안 보이겠지만, 행사장 의자에 먼지가 부옇게 끼어 있어 자리에서 일어서는 앞 사람의 바지가 흉하게 더러워지더라는 것이다. 대통령 취임식장마저 눈에 보이는 곳은 광택 나게 닦지만, 보이지 않는 곳은 방치한 것이다. 후진국의 전형적 특성이다.

논자(論者)에 따라 강조점이 다르겠지만, 박세일 서울대 교수는 선진화의 개념으로 '부민덕국'(富民德國)을 제시한다(대한민국 선진화전략). '부유한 국민이 사는 덕 있는 나라'가 선진국이라는 것이다. 여기서 박 교수는 부(富)가 덕(德)에 우선한다고 말하지 않는다. 오히려 선진화(先進化)가 되려면 먼저 덕이 있는 나라, 즉 선진화(善進化)가 되어야 한다고 주장한다.

캐나다 경찰관이나 입국심사관이 나에게 보여준 것은 정직을 소중히 여기는 선진(善進) 사회의 면모다. 그곳이라고 음주운전과 허위진술이 없을

리 없지만, 기본적으로는 정직이 상식으로 통하는 선(善)의 사회인 것이다. 이런 사회에서는 거짓말을 하다 들키면 엄한 벌이 기다린다. 가령 버스나 지하철에서 승차권을 상시 체크하지 않지만 무임승차하다 걸리면 정상요금의 수십 배를 칼같이 물리는 식이다. 준법과 탈법의 경계를 명확히 한다는 점에서 선진화(線進化)라고 할까.

'표절' 통하는 선진사회는 없어

그런데 이명박 정부에서는 이런 선진화(善進化)도, 선진화(線進化)도 도통 기미가 안 보인다. 정직을 소중히 여기는 국정철학이 느껴지지 않는다. 도대체 논문표절이 고위공직을 수행하는 데 결격사유가 안 된다고 대놓고 말하는 선진국이 어디 있는지 모르겠다.

국정 목표는 대통령이 밀어붙인다고 저절로 달성되는 게 아니다. 국민적 공감대가 형성되지 않으면 한갓 공허한 구호에 그칠 뿐이다. 김대중 정부가 제2건국위원회를, 노무현 정부가 동북아 중심국가론을 들고 나왔지만, 지금 그걸 기억하는 사람조차 많지 않다는 사실을 명심할 필요가 있다.

(경향신문 2008.03.04)

내겐 로맨스, 네겐 불륜

"취임도 하기 전에 제왕적 대통령의 예고편을 보여주고 있다. 공무원의 입을 막고 기강을 잡겠다고 윽박지르고 있다."

이렇게 말한 사람은? 오해하지 마시라. 노무현 대통령이 아니다. 며칠 전 노 대통령이 신(新) 권력을 비판하면서 동원한 언사와 조금도 다를 바 없지만, 화자(話者)는 엄연히 다르다. 이 말의 저작권은 한나라당에 있다. 5년 전 한나라당 대변인은 선거에서 승리해 기세등등하던 노 당선인 측을 향해 이런 유감 논평을 했다. 그러니까 정확히 5년 뒤 승자와 패자가 바뀌면서 같은 말을 서로 상대에게 할 뿐이다. 예를 하나 더 들어보자.

"흔히 공무원들은 어쩔 수 없다는 말을 하곤 하는데, 길이 없으면 길을 만들고 그래도 안 되면 그만둔다는 각오로 정책을 만들라."

요즘 한창 업무보고를 받고 있는 대통령직 인수위의 누군가가 정부 관료들을 질책하는 장면이 머릿속에 그려진다. 하지만 이 말 또한 지금의 인수위에서 나온 게 아니다. 5년 전 노 당선인이 농림부 업무보고를 받는 자리에서 한 말이다. 이 때 노 당선인은 농정 실패에 대한 공무원 책임을 언급하면서 "내가 대통령이 된 다음 첫 업무보고를 할 때 모두 사표를 써 가지고 오라"고 해 공무원들을 얼어붙게 만들었다.

'제왕적 대통령' 만드는 인수위

이렇게 보면 노 대통령은 신 권력의 행태를 비판할 자격이 없다. "인수위는 (공무원에게) 호통치고 자기 반성문 요구하는 곳이 아니다."라는 노 대통령의 말은 맞지만, 그 또한 5년 전 공무원에게 호통치고 반성문을 요구한 바 있다. 자신은 하고 싶은 대로 다 해놓고 남에게는 "그러면 안 되잖아"라고 한다면 누가 공감하겠는가.

그러나 노 대통령에 대한 비판은 이제 부질없다. 그는 곧 물러날 사람이다. 스스로의 표현처럼 '초라한 퇴장'을 목전에 두고 있는 사람에게 무얼 따져 묻겠는가.

문제는 언제나 신 권력이다. 대한민국의 5년을 이끌 세력 아닌가. 이들에게는 구 권력이 어떠했든 원칙과 정도를 지켜야 할 의무와 책임이 있다. 그런데 망각의 본능 때문일까, 권력에 취해서일까. 요즘 인수위는 문자 그대로 무소불위다. 5년 전 "제왕적 대통령이 되려 하느냐"던 그 비판 정신은 온데간데없고, 또 다른 제왕적 대통령 만들기에 여념이 없다. 공무원들에게 연일 "당선인의 국정운영 철학을 그렇게 모르느냐"고 윽박지르면서, 과거를 깡그리 부정하는 대형 정책들을 쉴 새 없이 쏟아낸다. 민간영역에도 거침없이 내달린다. 기업인을 직접 불러서는 "요금 내리는 방안을 이달 말까지 가져오라"고 압박한다. 운하 건설에 반대한다는 말일랑은 해봐야 듣지 않을 것이니 아예 단념하라고 전 국민에게 훈계한다. 누가 뭐래도 밀고 나가는 이명박식 사전 대못질이다.

이런 신 권력의 오만에 맞장구치는 일부 언론의 이율배반적 행태도 씁쓸하다. 요즘 인수위발(發) 보도에 신바람 나 있는 보수 언론의 5년 전 신문을 펼쳐보면 놀랄 만한 글들이 줄줄이 발견된다.

"인수위는 정부 부처의 상위기관이 아니다. 정부 부처가 인수위 입맛에 맞추려는 듯 기존 정책을 서둘러 바꾸는 것은 옳지 않다.", "인수위는 정부가 아니고 현 정부를 지휘·감독할 위치에는 더더구나 있지 않다. 그런데도 현 정부를 질책하며 고압적 자세를 보이는 것은 볼썽사납다."

유력 신문의 한 유력 언론인은 "지금 이 땅의 분위기는 선거에서 이긴 측이 점령군이 되어 사회 곳곳에 진주하는 양상"이라며 "대통령 한 사람 갈렸다고 세상이 이렇게 싹 갈리는 나라가 지구상에 또 있을까 싶을 정도"라고 썼다. 세상이 싹 갈리기로는 지금도 다를 바 없는데 이번 점령군에 대한 비판은 보이지 않는다.

5년 전 비판 정신은 어디 갔나.

신 권력은 "잘못된 것을 이제 겨우 바로 세울 뿐"이라고 말하고 싶을 게다. 그러나 오만한 권력의 눈에는 모든 것이 바로 세워야 할 대상으로 보이기 십상이다. 그게 곧 '남이 하면 불륜, 내가 하면 로맨스' 이론이다. 그런 이중 잣대도 정권 초기에는 분위기를 타고 그런대로 넘어간다. 하지만 계속되면 역풍을 피할 수 없다. 폐족(廢族)이 되었다는 노무현 세력을 보라. 신 권력의 오만과 독선이 지금처럼 계속되면 당장 4월 총선에서 폐족들이 다시 일어설 수 있는 공간이 생긴다. 하긴 괴멸 직전에 있는 신당이 그렇게 해서라도 견제자 역할을 할 수 있다면, 그게 나라를 위해 좋을 수 있겠다는 생각도 든다.

(경향신문 2008.01.08)

낙하산 줄이 끊어지지 않은 이유

노무현 대통령 취임 직후인 2003년 4월 9일 노 정권 탄생의 숨은 공신들이 청와대 만찬에 초대됐다. '노무현 대통령'을 아무도 예상하지 못할 때 음지에서 발로 뛴 경선조직팀 43명이었다. 초대한 사람이나 초대받은 사람이나 얼마나 감개무량했을지 보지 않아도 짐작이 간다. 그런데 얼마 안 가 화기애애하던 분위기에 찬물을 끼얹는 얘기가 흘러나왔다. "경선 때는 꿈과 희망이 있었다. 자리 보장은 없었지만, 사명감과 희망을 갖고 뛰었다. 결국 대통령이 되셨고 오늘 이 자리까지 왔다. 그런데 왠지 허전하다. 주위 사람들이 팽 당했다고 평가해 얼굴을 못 들겠다. 자리까지는 못 얻더라도 팽 당했다는 인식은 안 받았으면 좋겠다."

시사주간지 한겨레21 보도에 따르면 한 참석자가 총대를 메고 이런 취지의 발언을 했다. 빙빙 둘러 얘기하고 있지만, 요는 자리 하나 신경 써달라는 것이다. 당시는 "인사 청탁하다 걸리면 패가망신시키겠다."고 한 당선자 시절의 엄포가 시퍼렇게 살아있던 때였다. 그렇게 취임한 지 두 달도 안 된 대통령을 앞에 두고 팽 운운하며 인사 민원을 한 것이다. 노 대통령은 "어려운 일이다. 잘 알고 있다. 같이 걱정하고 연구합시다."라고 즉답을 피했지만, 이후 이들 중 상당수는 신(神)도 부러워한다는 공공기관의 감사 자리를 꿰찼다. 당시 자리 얘기를 꺼냈던 사람은 농수산물유통공사 감사가 되어 '제가 바로 무능한 낙하산입니다'라는 책을 쓰기도 했다. '참여정부는 낙하산 줄을 끊었다'고 하던 노무현식 인사원칙은 동지들의 취직이라는 현실에 부딪히면서 시작부터 흔들렸던 것이다.

시작부터 흔들렸던 인사원칙

최근 공기업 감사들의 남미 외유사건을 계기로 노 정권의 낙하산 인사가 또 한 번 도마에 올랐다. 물의를 빚은 감사 중에 노 대통령과 이런 저런 인연을 갖고 있는 정치인 출신이 많았기 때문이다. 신문에 보도된 이들의 경력을 보면 정권 탄생에 공을 세운 사람이 생각보다 많다는 것을 알 수 있다. 노무현 후보 대전 충남 조직특보, 노무현 후보 선대위 동작 을 위원장, 노무현 대통령 추대위 충북본부 고문 등등. 대전 충남에 조직특보가 있었다면 광주 전남에도 있었을 것이고, 동작 을 지역에 선대위 위원장이 필요했다면 마포 갑에도 필요했을 것 아닌가. 이들 중 용케 한 자리 차지한 사람은 남미로 출장 가며 정권 참여의 지분을 만끽하겠지만, 여태껏 자리를 못 얻어 "나만 팽 당했다."며 울분을 토하는 사람도 어디엔가 있을 것이다.

김대중 정부 출범 초기 모 부처 국장으로부터 "이럴 바엔 차라리 논공행상비로 한 300억 원쯤 정권 잡은 쪽에 주는 게 낫겠다."고 하는 말을 들은 적이 있다. 부처 산하기관 임원 자리에 업무 관련 전문성이 전혀 없는 정치인이 줄줄이 임명돼 국가적 손해가 크다는 것이다. 그렇다고 선거에 공을 세운 사람들을 내칠 수도 없을 테니, 아예 나랏돈을 뚝 떼어 주고 자리를 넘보지는 말도록 하자는 것이다. 한나라당이 지난해 '낙하산 인사 조사위원회'란 걸 만들어 조사한 참여정부의 낙하산 인사 사례는 줄잡아 140명. 이들의 평균 연봉을 1억 원만 잡아도 집권 5년에 700억 원이 필요하다. 이런 돈을 논공행상비로 쓴다는 게 법적으로나 현실적으로 가능하지는 않겠지만, 오죽하면 그런 발상이 나올까 심정만은 이해할 수 있다.

직장 접고 선거 올인하는 그들

공기업 감사들의 남미 외유 사건이 터지자 한나라당은 "노무현 정권의 낙하산 인사, 보은 인사가 초래한 도덕적 해이의 결정판"이라며 노 정부에 맹공을 퍼부었다. 하지만 한나라당 역시 집권할 경우 선거 공신들의 취직 문제에서 얼마나 자유로울지 회의적이다. 이명박 전 서울시장이나 박근혜 전 대표 캠프에는 현재 직장도 접고 선거에 올인한 사람들이 한둘이 아니다. 지금이야 나름대로 사명감과 희망으로 뛴다고 하겠지만, 권력 잡고 난 뒤에는 자리욕심이 안 생길 수 없다. 이대로 두면 다음 정권에서도 어김없이 낙하산 인사 시비가 재연될 것이라는 얘기다.

해결책은 딱 하나다. 대통령의 인사권한을 대폭 줄이면 된다. 정무직이 아닌 자리는 청와대에서 영향력을 행사하지 못하도록 제도화하는 것이다. 정권 잡아도 나눠줄 전리품이 없다면 각 후보 진영에 지금처럼 사람이 몰리지는 않을 것이다. 선거 과열 분위기를 한결 누그러뜨릴 수 있는 이 방안을 공약으로 내세울 후보는 어디 없을까.

(경향신문 2007.05.22)

낙하산 인사의 '소리 없는 법칙'

정부 산하기관 및 공기업의 사장, 이사장, 감사 자리는 늘 '내정되고, 임명된다.' 임명한 주체가 누군지에 대한 언급은 좀체 없다. 신문에서도 산하기관 인사만은 '아무개가 임명됐다'며 임명 주체를 생략하고 기사를 쓴다. 임면권자가 대통령인 기관의 장(長)은 그렇다 쳐도, 장관이 임면권을 갖고 있는 감사 임명 기사에서마저 왜 그럴까.

최근 사례를 보자. 골프 파문으로 사표를 낸 김남수 전 청와대 비서관이 한국전기안전공사 감사에 '임명됐고', 증권선물거래소의 상임감사에 강금실 서울시장 후보 캠프에서 활동한 김모 회계사가 '내정됐다'고 해 한바탕 홍역을 치렀다. 전기안전공사의 감사는 전기안전법 8장 35조에 의해 산업자원부 장관이 임명하도록 돼 있고, 증권선물거래소의 상임감사는 증권선물거래소법 8조에 따라 후보추천위원회의 추천으로 주주총회에서 선임하도록 돼 있다. 그러니까 김남수 전기안전공사 감사는 산자부 장관이 임명하고, 증권선물거래소 감사는 후보추천위에서 내정해야 한다. 최근 언론에 보도된 숱한 공사, 공단, 협회의 이사, 감사 자리 역시 인사권자가 적격성 심사를 한 뒤 임명해야 한다. 법에 그렇게 나와 있기 때문이다.

임명주체 빠진 피동형 인사

한 중앙부처의 차관에게 슬쩍 물어보았다. "실제로는 어떻게 이뤄집니까." 그러자 "노코멘트 하겠다."는 대답이 돌아왔다. 새삼스럽게 그런 걸 왜 묻느냐, 다 알지 않느냐며 손사래를 쳤다. 사실 기자로서 짓궂게 물어본 것일 뿐 대한민국 국민이면 누구나 알고 있다. 법에는 '누가 임명한다.'고 돼 있어도 실제로는 권력이 찍은 사람이 '임명된다.'는 것을 말이다. 그게 정권이 아무리 바뀌어도 변하지 않는 '낙하산 인사'의 원리 아닌가. 많은 정부 부처에서는 감사를 포함해 산하기관, 공기업의 이사 자리 일부를 '이건 청와대 몫, 이건 여당 몫' 하는 식으로 일찌감치 떼어놓는다. 그래야 해당 부처의 퇴직공무원 몫도 별 말썽 없이 확보되기 때문이다. 정부 부처의 실무자들은 이런 낙하산 인사 과정에서 잡음이 나오지 않도록 해당 기관과 조율하는 일을 맡게 된다.

유진룡 전 문화관광부 차관도 그동안 공직생활하면서 청와대에서 찍어주는 사람을 찍어주는 자리에 앉히는 일에 적지 않게 관여했을 것이다. 문화부 산하에는 '낙하산 타고 갈' 자리가 다른 어느 부처보다도 많기 때문이다. 그의 표현을 빌리면 이번 아리랑 TV 부사장 인사 문제는 청와대에서 '급(級)이 안 되는 사람'을 시키려고 해 '안 된다.'고 소리를 냈다가 문제가 커졌을 뿐이다.

만약 그가 보기에 '급(級)이 되는 사람'이었으면 어땠을까. 그래도 아리랑 TV 부사장에 대한 인사권은 아리랑 TV 사장에게 있고, 문화부 차관인 자신을 포함해 청와대 비서관은 그에 개입할 아무런 법적 근거가 없다며 물리쳤을까. 아니면 생경한 개념이지만, 청와대가 '인사협의권'이라고 하니 이를 존중해 '내정된 그 사람'을 부사장에 앉히도록 아리랑 TV 사장에게 압력을 넣었을까.

아니, 그 역시 '압력'이 아니라 '인사협의'를 하면 될 것 아닌가. 어느 쪽이든 그가 문화부 차관 자리에 있는 동안 그 인사의 내막은 불거지지 않을 것이다. 그게 낙하산 인사의 '소리 없는 법칙'이니까.

실질 인사권자 책임 밝혀야

우리 사회가 낙하산 인사를 피동형으로 표현하는 데 익숙해 있는 것을 보면 이를 집권세력의 프리미엄쯤으로 어느 정도는 인정하고 있다는 얘기도 된다. 권부 주변에는 챙겨줘야 할 사람들이 많고, 부정부패를 하지 않는 다음에야 낙하산 인사 외에 다른 보상 수단이 없다는 것을 국민들이 이해해주는 것이다.

하지만 낙하산 인사의 실질적 인사권자가 베일에 가려있다 보니 인사가 잘못돼도 책임을 묻기 어렵다는 데 심각성이 있다. 정부 산하기관의 감사가 물러나면서 "하는 일 없이 거액의 월급받기가 미안했다."고 내뱉어도 그만이고, 공사의 한 정치인 출신 감사가 업자로부터 수천만 원을 받았다가 징역형을 선고받아도 누구를 추궁할 수 없는 것이다. 그렇다면 차라리 실질적으로 인사권을 행사한 권력자의 이름을 회의록에 명기하도록 하면 어떨까. 그래야 낙하산 인사도 '임명했다'라는 온전한 능동형 문장으로 바뀔 것 아닌가.

(경향신문 2006.08.15)

참고문헌

김선남(2016), 『미디어칼럼의 이해』, 시간의물레

김창희(2017), 『멀티미디어 시대 실전취재보도론』, (주)나눔커뮤니케이션

남시욱(2007), 『인터넷시대의 취재와 보도』, (주)나남

남재일·이재훈(2013), 『저널리즘 글쓰기의 논리』, 커뮤니케이션북스(주)

박종화(2012), 『미디어 문장과 취재방법론』, 도서출판 한울

배정근(2008), 『저널리즘 글쓰기』, 커뮤니케이션북스(주)

오정국(2013), 『미디어 글쓰기』, 도서출판 아시아